Former
pour la première fois

Éditions d'Organisation
Groupe Eyrolles
61, bd Saint-Germain
75240 Paris Cedex 05

www.editions-organisation.com
www.editions-eyrolles.com

© Groupe Eyrolles, 2007

ISBN : 978-2-212-53953-0

RENÉ MOULINIER

Former

pour la première fois

EYROLLES

Éditions d'Organisation

Ouvrages de René Moulinier

Éditions d'Organisation

Vendre pour la première fois, 2006
Les techniques de la vente (Prix des DCF), 2003
Les entretiens de vente, 2003
Vendre aux grands comptes, 2001
Comportements de vente (avec J.-L. Lehmann), 1999
Comment rater une vente (avec S.-Ch. Moulinier, illustré par Mick), 2004
Visites clients : préparez vos négociations, 2005
Les 10 clefs de l'efficacité du commercial (Prix des DCF), 2003
Prospection commerciale, stratégie et tactiques, 2001
Optimiser vos visites commerciales (tournées des vendeurs), 2000
Manager les vendeurs, 2005
Le Livre du chef des ventes, 2006
Le recrutement des commerciaux (avec F. Mantione), 1992
Mener une réunion efficace, 2005

Chiron éditeur

Gestion du temps : manager son travail, manager sa vie, 2007
L'essentiel de la vente, 2005
L'évaluation du personnel, 2002

Vuibert

Dictionnaire de la vente, 2005

Rizzoli – ETAS (Milan)

Techniche e psicologia della vendita (avec Carlo Rotondi), 2005
Guidare la forza di vendita (avec Carlo Rotondi et Giancarlo Morganti), 2004
La valutazione dei collaboratori (avec Carlo Rotondi et Giancarlo Morganti), 2005

Moulinier et Associés

(e-mail : rene.moulinier@wanadoo.fr ; tél. : 01 45 22 67 76)
Cassettes audio : Mieux vendre I et II, 1995
Audiolivre :Vendre avec succès (www.audible.fr), 2006

« Enseigner, c'est apprendre deux fois. »
(Joseph Joubert, 1754 – 1824, *Pensées*)

Sommaire

Présentation

Ami, jeune et nouveau formateur[1], voici, écrit à votre intention, le livre d'un praticien de la formation. J'ai animé mon premier séminaire de formation, il y a trente-cinq ans. La loi de 1971 sur la formation professionnelle continue venait tout juste d'entrer en application. Aujourd'hui, j'ai dû animer plus de mille séminaires, non seulement en France, mais aussi en Suisse, en Italie, au Maroc, aux États-Unis, en Chine et au Japon.

Vous ne trouverez pas ici les citations savantes de ceux, nombreux, qui se sont penchés sur la pédagogie des adultes, sur la sociologie des stagiaires, sur la dynamique de groupe, etc., ni le jargon en vogue dans ces milieux. Non parce que je les ignore, mais parce que mon but n'est pas de briller par une affectation érudite. L'universitaire

---

1. Nous appellerons indistinctement **formateur** toute personne qui anime effectivement des séminaires de formation, que son titre soit celui de formateur interne salarié de l'entreprise, formateur indépendant, consultant formateur exerçant son activité au sein d'un cabinet, animateur de formation, ingénieur de formation ou responsable de formation. Ne sont pas pris en compte ici les acheteurs, les gestionnaires et les « responsables de formation », qui ne s'occupent que de la partie administrative et financière de la formation. Toutefois, pour ces derniers, la lecture de ce petit livre les aidera à mieux comprendre les particularités et les contenus de l'activité des formateurs dont ils organisent ou financent les interventions.

appuie ses affirmations sur les ouvrages de ceux qui l'ont précédé. Ma démarche est tout autre : elle se fonde sur mes expériences, qui sont parfois, il est vrai pour certaines, inspirées de quelques travaux de chercheurs en sciences sociales. Mais j'ai résolument privilégié la transmission de mes savoir-faire en me focalisant sur ce qui peut être appliqué et reproduit par vous.

J'ai en effet pour ambition votre succès de formateur.

Est formateur celui qui a la passion d'expliquer et la patience d'expliquer.

Quand on m'interroge sur les qualités fondamentales d'un formateur, je réponds qu'il s'agit d'un homme ou d'une femme qui a la **passion d'expliquer**, mais aussi la **patience d'expliquer**.

N'oublions pas le vocabulaire et les méthodes de la formation. Si l'on prend à la lettre le mot « formation », cette démarche peut se comprendre comme l'introduction du stagiaire (que l'on appelle improprement **formé**, alors qu'il ne l'est pas encore) dans un moule dans lequel, matière malléable comme du plastique chauffé, on le façonnera pour en faire une sorte de clone. Or, tel n'est pas le pouvoir du formateur. Celui-ci n'a pour seule possibilité que de faire reconnaître l'intérêt du message qu'il propose à chaque participant à la formation. C'est ce dernier qui, en appliquant ce qu'on lui aura appris à savoir et à faire, deviendra son propre formateur. On pourrait écrire que **le véritable formateur est celui qu'on appelle le formé** (on dit encore l'apprenant, ce qui présente une connotation scolaire).

Nous n'avons retenu ici que la situation la plus fréquente, et encore aujourd'hui la plus pertinente, du formateur exerçant ses talents en animant un **stage de formation** intra entreprise (tous les stagiaires appartiennent à la même entreprise) ou interentreprises (les stagiaires sont issus d'entreprises différentes).

Paris, New York, Hong Kong, Tokyo, 2007.
rene.moulinier@wanadoo.fr

1

Le regard
des stagiaires
sur le formateur

Avec l'extension de la formation continue et la multiplication des séminaires, il est probable que les stagiaires
avec lesquels vous allez travailler auront déjà une certaine expérience de ce genre de situation : inévitablement,
ils vont vous comparer aux autres formateurs rencontrés
auparavant. Regardez-vous comme ils vous voient. Que
vont-ils penser de vous ? Prenons cette question sous un
autre angle : quel est votre statut ? Votre comportement
le reflète-t-il ?

Nous définissons le statut d'une personne exerçant une
fonction, ici celle de formateur, comme l'ensemble des
attributs liés à sa position dans un système culturel. Plus
simplement, le statut désigne l'état, la position d'une personne par rapport aux autres.

Au service des participants pour les aider à atteindre leur but

En tant que formateur, vous êtes le personnage central, chargé d'une responsabilité – conduire les participants à l'atteinte de leur but, c'est-à-dire s'initier ou se perfectionner pour mieux exercer leur métier. On vous attend comme organisateur, comme moteur, comme facilitateur, comme entraîneur (notons que le terme « formateur » se traduit en anglais par *trainer*).

Vous êtes au service des participants pour les aider à atteindre leur but de perfectionnement.

Votre compétence est moins celle d'un savoir particulièrement développé – encore que vous ne puissiez totalement ignorer le domaine sur lequel vous intervenez ! – et se situe dans votre savoir-faire pédagogique, fondement de la confiance que vous inspirerez.

Vous êtes doté d'une certaine autorité, ou plutôt vous avez un peu d'ascendant, ce qui vous désigne assez naturellement comme le « patron » du groupe dont vous êtes chargé. Mais attention, cet ascendant, cette autorité, seront tempérés par votre écoute des formés, par votre compréhension et par votre adaptation à leurs capacités.

Diplomate par moment, quand il faut rechercher et obtenir l'accord de tous, vous êtes aussi celui qui fait prendre à chacun la décision d'appliquer les solutions étudiées pendant la formation.

Votre statut, votre position, la place que vous occupez et que votre public va reconnaître, inspirent votre attitude, qui elle-même va moduler vos comportements.

L'attitude, rappelons-le, est un phénomène mental, qui décrit votre disposition d'esprit à l'égard des choses, des événements et des personnes. Vos attitudes résultent des influences reçues de votre milieu familial et social. Elles alimentent vos propos et vos comportements.

La typologie des attitudes relationnelles des formateurs distingue cinq classes :

❖ l'attitude de **pression**, autocratique ou paternaliste, par laquelle le formateur considère les stagiaires comme de simples instruments auxquels il impose « sa » vérité ;

❖ l'attitude **manipulatrice** ou manœuvrière, manifestée par des approches de séduction, de gentillesse, de familiarité, qui visent à priver le stagiaire de son libre-arbitre ;

❖ l'attitude de **distanciation**, où le formateur observe et laisse le groupe voguer au gré de ses aspirations et de ses questionnements, sous prétexte qu'il a affaire à des adultes autonomes et responsables ;

❖ l'attitude d'**agression**, qui voit le formateur se mettre en compétition avec les stagiaires ou se mettre en désaccord par incompatibilité entre lui (niveau hiérarchique, mentalité, par exemple) et eux.

❖ l'attitude de **contact**, par laquelle le formateur, sans abdiquer son leadership, comprend les stagiaires et sait être avec eux. Tout formateur devrait être le médiateur qui permet au stagiaire de se révéler. Par son aide, son soutien, ses encouragements, son art de la mise en valeur de chacun, il permet à chaque participant de trouver ses ressources et d'aller y puiser.

C'est vers cette dernière attitude que vous tendrez.

Le formateur est au service des stagiaires pour les aider à réaliser leur perfectionnement.

Quelquefois, la question nous est posée de savoir si les participants nous façonnent ou si c'est le contraire. Si l'on considère que tout formateur doit s'adapter à son public, on peut répondre que le groupe influence la démarche adoptée – et adaptée – par le formateur. Et en même temps, par le transfert de savoir et de savoir-faire qu'il opère, le formateur modèle les personnes qu'il forme.

Une autre question est parfois posée sur le **charisme** du formateur. Doit-il avoir ce don, cette aura qui n'appartient qu'à quelques êtres d'exception ? Nous croyons qu'il ne faut pas confondre formateur et vedette. En effet, un formateur est une femme ou un homme, bon pédagogue, ouvert et disponible aux autres. Ceci peut lui conférer un certain charme, ce qui est déjà beaucoup. De plus, nous ne sommes pas persuadés qu'un personnage charismatique, conscient de son pouvoir d'attraction, aurait l'abnégation nécessaire à tout formateur.

Au début de la formation, mais aussi par la suite, les stagiaires vous observent. Que va-t-on percevoir de votre physique ? D'abord votre visage, puis votre posture, vos vêtements, votre gestuelle, enfin votre voix.

Sourire et regard circulaire

Votre visage est ouvert, éclairé par votre sourire, notamment au début de la rencontre avec les stagiaires. Ce sourire exprime le bonheur de la rencontre avec des personnes que vous allez aider à progresser.

Vous regardez l'ensemble de l'assistance de façon **circulaire**, c'est-à-dire le contraire d'un regard fixe sur une partie seulement de la salle. Par ce regard circulaire, vous entrez en relation avec **tous** les participants, vous pouvez observer leurs réactions, les « lire » et saisir leur évolution. Vous le savez aussi, on « entend mieux » en regardant ceux qui s'expriment, car on perçoit alors le **non verbal**. Notez enfin que ce mouvement de tête, qui vous permet de balayer du regard l'ensemble de votre auditoire, vous impose naturellement à l'assistance, avant même que vous ayez prononcé vos premiers mots.

Quelle posture adopter ?

Vous tiendrez-vous assis ou debout ? Cela dépend à la fois des nécessités de l'animation de formation et de l'image que vous voulez donner de votre personnage.

Un formateur qui se tient **debout** donne de lui une image active, dynamique. Cette position vous permet aussi de compenser la force représentée par plusieurs, voire un grand nombre de personnes. Pour commenter les illustrations ou les textes projetés depuis votre ordinateur, ou pour écrire sur le tableau de conférence, si vous avez besoin de circuler parmi les stagiaires, il vous faut encore être debout. C'est aussi en restant dans cette position que vous donnerez plus de poids, plus de solennité à vos propos.

La position **assise** donne à votre jeu d'autres significations : pour faire une confidence, pour entrer en familiarité avec les participants, pour établir une relation de complicité, mieux vaut être assis. Quand vous aurez besoin de faire tomber la pression parce que le groupe réagit avec véhémence, asseyez-vous. Rester longtemps debout est fatigant : la position assise vous permettra de vous reposer. Enfin, l'alternance des postures, tantôt assis, tantôt debout, donne un peu de variété à votre présence.

Quelle tenue pour le formateur ?

Il serait grotesque de prescrire une tenue-type pour les formateurs. Elle sera adaptée à votre personnalité, aux participants, aux usages de l'entreprise au sein de laquelle vous exercez vos talents de formateur.

Au sujet des usages, il me revient une anecdote : il y a quelques années, j'étais chargé de la formation d'un groupe de cadres appartenant à la filiale française d'une société américaine bien connue, lors d'un séminaire résidentiel. Vingt minutes avant le début du séminaire, je me rends dans la salle où devait se dérouler la formation et je rencontre mon client, le directeur commercial de cette entreprise, déjà présent dans la salle. Me voyant en chemise à col ouvert et en chandail, celui-ci m'interpelle : « *Monsieur Moulinier, vous n'êtes pas prêt ?* » Étonné, je réponds que si, que tout est au point, que j'ai soigneusement vérifié la présence et le fonctionnement des matériels de projection. Mais mon interlocuteur réplique : « *L'usage dans notre Compagnie est que tout formateur, même externe, porte chemise et cravate.* » Alors je suis vite remonté dans ma chambre pour enfiler la tenue requise.

En ce qui concerne les vêtements, deux grandes tendances existent. Les uns penchent pour une tenue décontractée (jean propre, chandail à col roulé l'hiver, chemise ouverte l'été, mocassins ou baskets, etc.). Les autres, considérant qu'ils doivent un certain respect aux stagiaires, décident de soigner leur tenue (veste en tweed, en lin ou en seer-sucker, selon la saison, pantalon assorti, chemise propre, cravate, pour les hommes ; tailleur-pantalon ou jupe et chemisier pour les femmes, etc.). Personnellement, nous penchons aujourd'hui pour la deuxième tendance.

Cependant, quelle que soit votre option, portez des vêtements souples pour pouvoir faire aisément les gestes requis et écrire sur le tableau de conférence.

Quelle tenue pour les stagiaires ?

Faut-il prescrire une tenue pour les participants ? Évidemment non. Ici encore, l'usage prévaut. Évitez en tous cas tout ce qui peut constituer une entrave relationnelle.

La gestuelle du formateur

Faites en sorte que vos gestes soient vivants, mais mesurés. Pratiquez une gestuelle **oblative**, c'est-à-dire allant de vous vers les stagiaires, par laquelle vous distribuez en quelque sorte la prise de parole au groupe. En faisant ce geste, les paumes de vos mains seront orientées vers les participants à la réunion de formation.

Quand vous posez une question que vous adressez à l'ensemble de l'assistance, accompagnez-la d'un geste arrondi de l'avant-bras, un peu analogue au « geste auguste du semeur ».

Évitez de désigner quelqu'un du doigt. Écoutez à ce sujet ce que disait Jean Vilar aux comédiens du fameux TNP

(Théâtre national populaire) : « *L'épaule murmure, le bras parle, le doigt menace.* » Et si vous sollicitez une personne en particulier, celui auquel vous vous adressez verra votre avant-bras et votre main ouverte. Vous pouvez toutefois, en certaines circonstances – par exemple quand tout le monde parle en même temps – lever un bras ou même les deux bras, pour demander le silence.

Votre voix

Que votre voix soit grave ou aiguë n'a guère d'importance. Il faut qu'elle soit d'une force suffisante, sans être excessive. Il n'est pas nécessaire de parler fort pour se faire entendre. L'élocution prime. Il faut surtout veiller à l'articulation. Le débit de votre voix sera plutôt ralenti, mais sans excès. Vous risquez sinon de mettre rapidement votre auditoire en état de somnolence, ce qui altèrerait gravement la participation.

Mais pour redonner du tonus à l'échange, accélérez votre débit. Songez aussi au bref silence qui précède un mot auquel vous voulez donner du relief, ce qu'on appelle **soupir** ou **demi-soupir** en musique.

Lorsque les participants bavardent entre eux, par exemple en début de séance, plutôt que de réclamer bruyamment le silence, commencer à parler doucement de façon à ce que, vous entendant mal ou pas du tout, certains participants demandent que l'on se taise.

Pourtant, l'attention portée à votre jeu corporel ne peut faire l'économie de l'analyse de la personnalité du formateur. Tel est l'objet du chapitre suivant.

2

La personnalité
du formateur

Quels sont les traits fondamentaux du portrait moral d'un formateur ? Ils sont multiples et présentés dans ce chapitre afin que vous mesuriez la proximité ou la distance existant entre vos qualités et celles qui sont requises. L'examen lucide que vous ne manquerez pas de faire n'est pas destiné à vous décourager, mais au contraire à vous inciter à renforcer ce que vous pouvez considérer comme des points faibles.

Tonus

Être formateur requiert un bon tonus nerveux. Rester simultanément concentré sur l'objectif de la formation, suivre le déroulement du programme que vous avez conçu et construit, observer en permanence les réactions et les évolutions des stagiaires, les écouter, régler parfois les incidents survenus en cours de déroulement implique une forte mobilisation de vos facultés et une grande dépense d'énergie. Former les autres est un métier fatigant.

En contrepartie, quand – ce qui n'est cependant pas très fréquent, ne rêvons pas – l'un de vos anciens stagiaires vous dira, quelques mois après la formation, combien il a pu progresser grâce à vous, vous ressentirez une bouffée de bonheur et un grand encouragement à continuer d'exercer ce métier.

Pilote de la formation

« Patron » du séminaire de formation, vous êtes le seul pilote à bord, y compris si se trouve dans l'assistance l'un de vos supérieurs hiérarchiques. Le succès ou l'échec de la formation sont grandement placés sous votre responsabilité.

Vous serez d'autant plus à l'aise pour conduire le groupe des stagiaires à bon port que vous êtes bien dans votre peau, en harmonie avec vous-même. Ceci implique que vous vous aimiez, que vous adhériez à ce que vous êtes et à ce que vous faites.

Cette disposition mentale envers vous-même se renforcera au fur et à mesure de vos animations de formation, au fil des succès que vous additionnerez.

Les stagiaires ressentent le comportement confiant et ferme du formateur. Hélas, ils ressentent aussi son absence ou son insuffisance, les mettant ainsi mal à l'aise.

Votre relation avec les stagiaires

Nous avons déjà décrit votre regard sur l'assistance. Il est le signe de votre écoute (ce qui peut paraître paradoxal) et de votre observation constantes, à la fois de l'ensemble des stagiaires et de chacun en particulier. Vous êtes à l'affût des messages non verbaux (adhésion active, intérêt, indifférence, ennui, hostilité) et vous cherchez à décoder les comportements des participants.

Précédant l'écoute, vous devez susciter et faciliter l'expression de chacun, ce que vous réussirez d'autant mieux que vous mettrez en valeur les contributions ainsi obtenues.

Votre rôle de formateur ne consiste pas à occuper l'espace par votre prise de parole, mais à engager un dialogue avec les stagiaires, vos apports intervenant en réponse à leurs sollicitations et à leurs demandes. Ce que l'on appelle participation des stagiaires consiste à les rendre actifs, c'est-à-dire acteurs de leur formation. Évidemment, aucune personne dans l'assistance ne doit être laissée à l'écart.

Authenticité du formateur

Nous l'avons souligné à plusieurs reprises, le formateur est un adulte responsable s'adressant à des stagiaires, eux aussi adultes et responsables. Ceci appelle de sa part la capacité à ne pas avancer masqué, en jouant nous ne savons quel rôle. Plus il s'exprimera avec authenticité, plus il invitera chaque stagiaire à agir de même. Vous êtes attendu comme étant **assertif**, **congruent** et **empathique**. Même si ces notions se recouvrent partiellement, chacune possède son propre contenu.

L'assertivité désigne cette disposition d'esprit qui vous rend apte à exprimer clairement, fermement et tranquillement ce que vous savez, ce que vous ressentez, ce que vous pensez, ce que vous voulez, tout en tenant compte et en respectant les autres.

Par la congruence, vous êtes pleinement conscient de vos sentiments et en parfait accord avec vous-même, tout en étant ouvert et vrai dans votre relation à l'autre.

L'empathie, enfin, est cette disposition qui vous permet de percevoir une idée ou un sentiment du point de vue de l'autre, de ressentir comment elle agit sur sa sensibilité, d'assimiler le cadre de référence dans lequel l'autre inscrit cette idée, c'est-à-dire d'être attentif à ce qui peut le toucher, le satisfaire, le sensibiliser, le frustrer, le décevoir, tout en gardant la distance nécessaire pour ne pas vous identifier à cet autre.

Qualités comportementales

Plus vous parviendrez à rester calme, plus votre présence sera dense, plus vous serez convaincu, sincère (c'est-à-dire le contraire d'un manipulateur), solide, organisé (les formateurs brouillons font rire à leurs dépens) et plus vous serez rassurant en définitive pour les participants.

Et en même temps, on vous attend tonique, en mouvement, dynamique (ne restez pas assis, statique, collé à votre chaise).

Votre compétence ne repose pas seulement sur votre savoir, mais aussi sur votre maîtrise du groupe, de sa dynamique, sur le contrôle en souplesse des interventions des uns et des autres et des incidents qui peuvent émailler certaines réunions.

Le formateur est le « patron » responsable du séminaire de formation.

Vous pourchasserez, pour les éviter, certains défauts tels qu'une directivité excessive, la trop grande place occupée par vos propos, le ton professoral ou, pire, un ton monotone diffusant un irrépressible ennui. À proscrire : le style théâtral, le numéro spectaculaire – désolé : un formateur n'est ni une vedette, ni un artiste ! – mais aussi les tics, aussi bien verbaux (la multiplication des « *eh bien* » des « *s'pas* »pour « *n'est-ce pas ?* »; etc.) que physiques.

Vous vous interdirez de prendre à partie l'un des participants, ou, pire, d'en faire votre tête de Turc. L'ironie, la raillerie, la moquerie ou les vexations n'ont pas leur place dans un séminaire, pas plus que la vulgarité ou les plaisanteries de mauvais goût.

À l'inverse, vous ne favoriserez personne ni n'aurez de « chouchous », car cela aurait pour effet de dresser contre vous ceux qui se sentiraient écartés de vos faveurs (ce phénomène étant plus ouvertement observable avec un public féminin).

Je n'ai pas oublié le conseil que me donna celui qui m'a appris mon métier de formateur, la veille du jour où je devais animer pour la première fois un séminaire entièrement composé d'hôtesses de vente : « *René, ne t'intéresse pas à la plus jolie, sinon toutes les autres femmes t'en voudront et tu rateras ton séminaire !* »

Chaque stagiaire est l'égal de chaque autre et doit être reconnu comme tel.

Ambiance et travail

Un séminaire de formation, quel qu'en soit le sujet, n'a pas vocation à engendrer la tristesse. Nous vous recommandons de glisser des touches d'humour dans vos propos et de faire de la bonne humeur et du sourire des composants de vos séminaires.

Faites-en aussi des lieux où l'on travaille intensément. Même si certains, surpris par votre exigence d'un rythme soutenu, grognent ou protestent, nul doute qu'*a posteriori* ils vous sauront gré de l'estime que vous leur aurez manifestée en tablant sur leur aptitude à soutenir un tel effort.

Même si les participants sortent fatigués de votre séminaire parce que vous leur aurez demandé beaucoup, considérez qu'ils en garderont le souvenir d'un temps fort dans leur vie professionnelle.

3

Les responsabilités du formateur au cours de la réunion de formation

Les responsabilités du formateur au cours de la réunion de formation peuvent être résumées en six points.

1. Créer l'ambiance

2. Annoncer l'organisation

3. Donner la parole, assurer les transitions

4. Faire respecter le déroulement, régler les incidents

5. Percevoir les tensions et intervenir

6. Synthétiser et conclure

Modes socio-affectif et socio-opératoire

Le psychosociologue Jean Maisonneuve[1] distingue deux modes d'action des animateurs de réunion, tout formateur relevant de cette catégorie : le mode socio-affectif et le mode socio-opératoire.

Le premier s'attache à la création d'un climat psychologique et aux efforts déployés pour motiver et rendre la formation intéressante – en stimulant, soutenant, gratifiant, par exemple par des éloges, ou en sanctionnant, par exemple par des blâmes ou des menaces – pour sécuriser les participants – en diminuant l'anxiété, les tensions individuelles et collectives – et pour développer la « facilitation sociale » – en recherchant un langage commun, en étant attentif aux soucis et aux désirs des stagiaires concernant le fonctionnement du groupe.

Le mode socio-opératoire, lui, se concentre sur la méthode de travail, la définition de l'objectif à atteindre, le ou les problèmes à résoudre, les étapes du travail, l'apport d'informations, la coordination des apports et des efforts (définition du rôle de chacun, articulation des rôles entre eux, point après chaque étape du travail).

Quel mode d'action le formateur doit-il privilégier ? En vérité, les deux. C'est ainsi que si vous êtes par tempérament orienté vers ce qui appartient au domaine socio-affectif, vous devrez vous investir davantage dans les questions relevant de l'organisation. À l'inverse, si vous êtes doué pour l'efficacité opérationnelle, efforcez-vous de développer votre versant socio-affectif.

---

1.   *Introduction à la psychosociologie*, PUF, 1997.

Créer l'ambiance

Vous souhaitez que le séminaire se déroule dans un climat détendu, heureux, voire qu'une relation chaleureuse s'établisse entre vous et les stagiaires ? À cet effet, accueillez les participants avec le sourire, en vous présentant le premier si vous ne les connaissez pas. Au besoin, si vous les avez déjà rencontrés, prenez de leurs nouvelles et sinon, intéressez-vous à leur lieu de travail, à leur spécialité professionnelle, à l'éventuelle difficulté pour localiser le stage. En résumé, cherchez autant que possible à personnaliser le premier contact.

Prévoyez également un dispositif peu coûteux d'accueil sous la forme d'une machine à café, d'une théière ou d'une cafetière, de jus de fruits et de quelques viennoiseries.

Votre message de bienvenue au début du séminaire conclura cette phase d'accueil éminemment socio-affective.

Annoncer le déroulement du séminaire : le « contrat »

Bien que ces dispositions soient d'ordre socio-opératoire, elles ont une résonance socio-affective, car en annonçant le cadre du déroulement de la formation, vous installez confortablement les stagiaires dans une organisation, ce qui a un effet rassurant.

En ce début de séminaire, vous allez définir en quelque sorte un **contrat**, qui encadrera l'organisation du déroulement et le mode de relation que vous proposez aux participants.

Commencez par vous présenter une nouvelle fois, même si vous l'avez déjà fait lors de l'accueil, puis rappelez le titre de la formation dont vous êtes l'animateur : « *Je m'appelle Frédéric Martin et je suis l'animateur de la formation à la gestion du temps à laquelle vous avez été invités.* »

Puis, sans dire qu'il s'agit d'un « contrat » que vous passez avec eux – même s'il s'agit bien de cela –, vous allez rappeler les grandes lignes du programme (qui figure de façon peut-être plus détaillée sur l'invitation), les particularités du déroulement (par exemple, apports du formateur, travaux de réflexion en petits groupes, tables rondes, exercices, simulations, etc.) et les grandes masses du découpage du temps investi dans les différentes phases de la formation.

Vous n'oublierez pas de préciser qu'il y aura des pauses, toutes les quatre-vingt-dix minutes environ, et que le déjeuner sera pris en commun.

Vous demanderez en outre que les téléphones portables soient mis sur répondeur, de manière à éviter des interventions extérieures préjudiciables au bon déroulement du séminaire.

Vous pouvez même, et par cette annonce vous vous situez franchement dans le domaine socio-affectif, préciser quelle **attitude** vous recommandez aux participants. Par exemple :

❖ s'impliquer personnellement ;

❖ se montrer curieux et ne pas hésiter à solliciter le formateur ;

❖ faire des contre-propositions au lieu de critiquer ;

❖ écouter attentivement les propos des différents stagiaires ;

❖ considérer que quel que soit son rang hiérarchique chaque stagiaire est l'égal de l'autre, etc.

Le « contrat » est la règle du jeu de l'efficacité du séminaire.

Donner la parole, assurer les transitions

Après l'exposé de ce qui précède, il est temps de donner la parole aux participants.

Le plus logique, en fonction de l'intitulé de la formation et de l'exposé des grandes lignes du programme, est de solliciter ce qu'attendent les stagiaires de cette formation. Selon qu'ils se seront portés volontaires ou qu'ils auront été inscrits sans le demander et parfois contre leur gré, vous recevrez une première impression de leur motivation ou de leur désintérêt envers ce programme.

Vous pouvez obtenir plus de précisions sur les **attentes** en demandant à chacun de décrire les **difficultés** qu'il éprouve.

Arrangez-vous pour favoriser les demandes des participants. Par exemple, si un stagiaire pose une question intempestive, même si elle est un peu hors sujet, répondez gentiment, au besoin brièvement. Si vous rabrouez le demandeur, non seulement vous le dissuadez de poser d'autres questions, mais, refroidi par votre refus, l'ensemble des stagiaires n'osera plus vous solliciter.

Vous avez construit votre programme de formation d'une façon rationnelle et chaque séquence précède et prépare la suivante. Cette construction sera d'autant mieux comprise qu'une brève synthèse achèvera chaque phase et que vous enchaînerez sur l'annonce de la phase suivante.

Faire respecter le déroulement, régler les incidents, maîtriser les dérives

Parce que vous vous êtes posé en « patron » de la réunion de formation, on attend que vous réguliez le mouvement de la formation : rythme soutenu, mais pouvant être tenu par tous, programme suivi dans l'ordre prévu, exercices permettant d'expérimenter les données de votre message.

Votre formation sera nécessairement participative. En effet, vous n'êtes pas le professeur qui détient seul la vérité (sa vérité). Vous vous inscrivez donc dans un partage entre ce que vous apportez au groupe de participants (expérience, méthode) et l'expérience et les attentes (de progrès) de ces derniers.

Dès lors que vous donnez la parole pour que chacun puisse s'exprimer – ce qui est non seulement légitime, mais aussi le fondement de toute démarche participative – l'un ou l'autre des participants vous fait courir le risque de monopoliser la parole, de donner trop de place à ses préoccupations, phobies, problèmes, etc. Or, les autres participants ne partagent pas cela, ou peu. Vous devez donc canaliser ces prises de parole intempestives ou excessives, sans pour autant les étouffer.

Sachez-le : la majorité des autres participants vous critiquera si vous n'êtes pas à même de discipliner les excès d'intervention (hors sujet, bavardages, temps de parole excessif, etc.).

Percevoir et intervenir en cas de tension

Nous voici de nouveau dans un espace socio-affectif. Il n'est pas rare que les erreurs de management, avec leurs conséquences sur le plan du climat social de l'entreprise, s'invitent malgré vous au cœur de votre formation. Il peut ainsi arriver que vous ne compreniez pas les raisons d'une dérobade soudaine, voire d'une insubordination de toute ou partie de l'assistance. Interrogez-vous alors sur l'erreur que vous avez pu commettre, sur les paroles maladroites que vous avez pu prononcer. Mais aucune faute ne peut vous être imputée. L'origine de la rébellion des participants vient d'ailleurs. Un lieu de formation n'est pas un sanctuaire isolé, à l'abri des tensions internes de l'entreprise.

Si une pareille circonstance surgit, intéressez-vous au malaise de vos stagiaires. Faites une pause, ouvrez un espace d'expression et de discussion. Et essayez d'envisager les aménagements que vous pouvez opérer dans le programme prévu, pour éviter l'échec de la formation et atteindre au moins une partie de l'objectif.

Ceci étant, cette dextérité pour sauver la formation en cours demande un certain métier. J'espère que cette occurrence ne se produira pas lors de votre premier séminaire…

Synthétiser et conclure

La formation touche à sa fin. Conservez un peu de temps, de l'ordre de la demi-heure à l'heure, pour dresser avec les stagiaires un bilan de la formation.

Vous allez d'abord répondre en commun à la question de la concordance – et éventuellement de l'écart – entre le travail accompli et les attentes et les difficultés recensées par les participants.

Vous profiterez de ce retour panoramique sur le programme de formation pour mettre en évidence les aspects essentiels, fondamentaux, de votre message.

Vous demanderez aux participants quels engagements d'application ils promettent de prendre et suivant quel calendrier.

Puis, selon l'usage, vous procèderez à l'évaluation écrite du séminaire.

C'est à ce moment-là, si nécessaire, que vous remettrez les aide-mémoire que vous avez prévu de distribuer.

Cas particulier de la co-animation par deux formateurs

Il arrive, notamment lors de la mise en route d'un nouveau formateur, que ce jeune formateur soit accompagné par un pair aîné, plus expérimenté et présent lors des premières prestations du formateur junior. Cette situation se produira également quand la formation fera appel à un formateur expert d'une question hautement technique.

En général, une concertation entre les deux intervenants aura défini la répartition des séances entre le junior et le senior, ou entre le formateur expert et le formateur généraliste, ainsi que des dispositions d'assistance prises si le nouveau formateur ou l'expert se trouve en difficulté pendant une des séances dont il aura été chargé.

Nous savons que le commandement ne se partage pas. Le pilotage d'une formation non plus. Pour que chaque séquence de la formation ne soit le fait que d'un seul formateur aux yeux des participants, seul celui des deux formateurs dont il a été convenu qu'il était chargé de cette séance sera à la table d'animation. Le second formateur se place alors sur le côté, à une table de participant.

Les relais d'un formateur à l'autre seront ouvertement annoncés : « *Je termine cette phase… et dans un instant Richard va nous faire travailler sur la phase suivante.* »

Une fois la phase achevée, l'ex-co-formateur échange sa place avec celui en retrait. Il est redevenu en quelque sorte un stagiaire et se comporte comme les autres participants. Notamment, il ne prend la parole qu'après l'avoir sollicitée auprès du formateur en titre.

Si la co-animation de formation ne fonctionne pas correctement, quelle qu'en soit la raison, l'un des co-animateurs (le plus lucide, le plus désintéressé) se retirera. L'important, c'est la réussite de la formation, pas l'amour-propre de tel ou tel formateur.

4

Le trac
du formateur

Nombre de bons formateurs avouent, en confidence, avoir encore le trac, ou tout du moins une certaine anxiété au début d'une formation. Il est vrai que, quelle que soit l'expérience que l'on peut avoir, un séminaire ne peut être considéré comme un succès qu'à sa dernière minute. Cette situation anxiogène sera probablement celle du débutant ou nouveau formateur. Que faut-il en penser ?

Sachez d'abord que cet état d'angoisse, pas toujours perçu par les tiers, est plus répandu que vous ne le pensez. Vous n'êtes pas le seul dans ce cas.

Les témoignages de nombreux comédiens, orateurs, conférenciers ou formateurs conduisent à penser que, malgré l'expérience d'une vie, l'on ne se débarrasse jamais complètement du trac. « *Il faut vivre avec* », concluent-ils, fatalistes. Voilà qui ne vous rassurera guère. Mais lisez plutôt la suite.

Rappelons à cette occasion la réplique, vacharde et fameuse, de la grande tragédienne Sarah Bernhardt à une jeune comédienne déclarant qu'elle n'avait jamais eu le trac : « *Cela vous viendra avec le talent.* »

Ainsi, le trac ou l'anxiété, qui préside au moment où va débuter votre formation, serait le corollaire de votre conscience professionnelle, de votre souci de bien faire et de la crainte de ne pas y parvenir. Voilà un signe réconfortant. Le trac serait lié à votre recherche de la qualité, à votre exigence de performance personnelle. L'anxiété ne serait-elle pas alors un stimulant pour améliorer votre prestation ?

Le trac est un signe de haute conscience professionnelle.

Nous connaissons plusieurs formateurs qui, craignant d'être pris de court par des questions imprévues ou par un déroulement plus rapide que prévu du séminaire, préparent de volumineux dossiers. Inutile de dire que cette sur-préparation, « en cas de panne », est rarement utilisée. En revanche, les dossiers constitués contribuent à l'amélioration de la densité du séminaire.

Nous ne sommes pas adeptes des traitements médicamenteux du trac, tels que les bêtabloquants, mais nous intéressons plutôt aux jeux de rôles devant une caméra. Lors d'un entraînement à la formation, au lieu d'utiliser la vidéo pour les stagiaires, tournez la caméra vers vous et enregistrez le début de votre animation, c'est-à-dire le moment qui est sans doute le plus difficile pour vous. Puis repassez le film. Vous allez observer que cette anxiété, que vous croyez très apparente aux yeux des stagiaires, est à peine perceptible, voire pas du tout évidente.

Dès lors, l'effet d'amplification (« *j'ai peur, ça se voit, l'assistance s'en rend compte, elle me le manifeste, ce qui augmente encore mon angoisse* ») est ainsi fortement atténué.

Nous terminerons sur une note plutôt optimiste. La plupart des spécialistes qui traitent des sujets anxieux s'accordent pour considérer que le trac est un phénomène **normal** et qu'il est notamment utile pour produire une poussée d'adrénaline permettant d'aller jusqu'au bout de ses possibilités.

5

La préparation
de la réunion
de formation

La préparation se décline en onze points clés.

1. Définir l'objectif de la formation
2. Définir le thème et donner un titre à la formation
3. Choisir la date et bâtir le compte à rebours
4. Composer et dimensionner l'assistance (qui participera ?)
5. Choisir le lieu
6. Prévoir les équipements de l'animation
7. Prévoir les équipements d'accueil (arrivée, pauses, repas)
8. Prévoir les équipements de travail des participants
9. Rédiger l'invitation
10. Équilibrer les séances de travail
11. Préparer le guide d'animation

À présent, développons ces étapes.

1. Définir l'objectif de la formation

Il es fini le temps où la formation était assimilée à quelques journées de vacances. Il nous a même été enjoint de « *ne pas trop faire travailler les stagiaires* », parce que l'on avait choisi un lieu de séminaire davantage prévu pour les vacances que pour le travail. Ceci se passait, il est vrai, entre 1970 et 1980.

Aujourd'hui, et c'est heureux, toute formation est consécutive à un **cahier des charges** qui définit un objectif que nous vous recommandons de co-écrire avec les dirigeants de l'entreprise. Le cahier des charges est un instrument de contractualisation et de cadrage de l'action du formateur. L'atteinte de l'objectif qu'il définit doit être mesurable ou tout du moins évaluable.

Pour vous, formateur, définir un objectif vous donne le moyen de l'atteindre.

2. Définir le thème et donner un titre à la formation

Vous donnerez à la formation une appellation qui situe clairement ce sur quoi les stagiaires vont travailler avec leur formateur. Il est recommandé, chaque fois que vous le pourrez, de trouver un intitulé attractif. Par exemple, pour montrer que nos séminaires seront centrés sur la recherche de solutions et de pratiques concrètes, nous employons souvent l'expression « atelier » (« Atelier du management de proximité », « Atelier de la prospection commerciale », etc.).

3. Choisir la date et bâtir le compte à rebours

Il n'y a rien de très original ici. Mais dès que l'on doit retenir un lieu, si l'on doit tenir compte des moments où la formation ne gênera pas trop les activités opérationnelles et pour peu qu'elle nécessite quelques actions préalables – audit d'une organisation, diagnostic des degrés de compétence des stagiaires, réalisation d'un programme pédagogique audiovisuel, mise au point des exercices et de leurs supports, rédaction d'un aide-mémoire, c'est-à-dire autant d'actions qui demandent un peu de temps –, il est normal de placer la date du séminaire sur un calendrier pour définir quand les opérations en amont du séminaire pourront avoir lieu.

**Définir un objectif,
c'est se doter du moyen de l'atteindre.**

4a. Composer l'assistance

Il existe un grand débat au sujet de la composition de l'assistance. Faut-il qu'elle comporte des personnes ayant des forces et des faiblesses analogues dans la spécialité dont vous êtes le formateur ? Ne vaut-il pas mieux un groupe composé de forts, de moyens, de faibles et même de débutants, les plus expérimentés étant chargés d'entraîner ceux qui le sont moins ?

Cette seconde option, louable dans son intention, ne fonctionne pas de façon satisfaisante : l'expérience montre que les plus doués n'exercent pas en général le tutorat envisagé et s'ennuient au cours de la formation, quand ils ne s'agacent pas des maladresses ou de la lenteur de l'apprentissage de leurs collègues d'une qualification inférieure.

Aussi, chaque fois que vous le pourrez, essayez de constituer des groupes de personnes de forces à peu près équivalentes.

4b. Dimensionner l'assistance : combien de participants ?

Nous supposons que votre conception de la formation de
professionnels ne consiste pas à faire des conférences
devant de grands auditoires. D'ailleurs, dans ce cas, peut-
on vraiment parler de formation ? « Conférence
d'information » serait une expression plus appropriée à ce
genre de manifestation. Nous admettons donc que vous
allez échanger avec les personnes dont vous assurez la formation, ce qui exige une assistance de petite dimension.

Si l'optimum se situe entre huit et dix participants, vous
pouvez admettre jusqu'à douze personnes. Mais ne
dépassez pas ce dernier nombre. En effet, devant un auditoire plus nombreux, vous constaterez vite combien cette
assistance devient pesante (c'est la goutte d'eau qui fait
déborder le vase) pour peu que vous persévériez dans
votre principe de dialogue entre les stagiaires entre eux et
avec vous, dialogue fondé sur l'expérience professionnelle de chaque personne, sur ses besoins de formation et
sur les apports et les méthodes que vous leur proposez.

Pour sa part, un groupe trop petit, par exemple de trois ou
quatre personnes, est moins productif en termes d'échange
de points de vue et d'idées, et tourne presque, en ce qui
vous concerne, à la leçon particulière. Ce petit effectif,

bien sûr, appréciera que vous disposiez de beaucoup de temps pour traiter personnellement chaque cas individuel.

Certes, la situation de petit effectif est moins préoccupante que celle de l'effectif trop important. Cependant, le gestionnaire des fonds de formation regrettera que le prix de revient de la formation par tête de stagiaire soit trop élevé, car les coûts – à commencer par votre salaire ou vos honoraires – au lieu d'être divisés par huit, dix ou douze, ne seront supportés que par trois ou quatre personnes.

5. Choisir le lieu

Nous traitons cette question dans le chapitre 14.

6. Prévoir les équipements de l'animation

Nous vous renvoyons également au chapitre 14.

7. Prévoir les équipements d'accueil

Ces équipements (arrivée, pauses, repas) participent à l'ambiance conviviale que nous vous recommandons de créer au cours du séminaire. Et comme nous le faisons remarquer dans le chapitre 18 consacré à l'évaluation de la formation, la qualité de la table rehausse l'appréciation des stagiaires !

8. Prévoir les équipements de travail

Si vous souhaitez que les participants prennent des notes, facilitez-leur la tâche en fournissant feuilles de papier et crayons ou stylos. Vous pouvez aussi prévoir pour certaines formations des cahiers d'exercices, des appareils pour certaines applications (par exemple des éclatés ou du matériel pour s'entraîner aux démonstrations).

9. Rédiger les invitations

Comme nous le rappelons au chapitre 7, arrangez-vous pour que les invitations (pas les « convocations ») soient attractives. Indiquez dès l'invitation que le séminaire est une manifestation où les stagiaires participeront activement à leur perfectionnement.

10. Équilibrer les séances de travail

Variez autant que possible les séances : exposés (aussi brefs que possible), non seulement de votre part mais aussi de celle de certains participants qualifiés ou d'experts extérieurs, travaux en sous-groupes, débats pléniers, simulations, etc. N'oubliez pas non plus, pour l'agencement général de chaque journée de formation, le précepte de Sun Tzu : « *Tôt le matin, les esprits sont vifs. Au cours de la journée, ils déclinent. Et le soir, les pensées se tournent vers le foyer.* »

Enfin, l'architecture des journées structurera le guide d'animation du formateur.

11. Préparer le guide d'animation du formateur

Le chapitre suivant est consacré à cet instrument.

© Groupe Eyrolles

6

Construire un guide d'animation de la formation

Le fil conducteur

Certains comparent le guide d'animation à la partition du chef d'orchestre ou au polycopié que se contenterait de lire un professeur. Mais si pour un chef d'orchestre ou un professeur tout doit être écrit d'avance, il n'en va pas de même pour le formateur. Au moment où ce dernier va commencer l'animation du séminaire, si l'objectif à atteindre est bien défini et si le contenu de la formation a été clairement formulé, il ne peut pas écrire – et donc figer - d'avance le déroulement du séminaire dans la mesure où il va avancer en dialoguant avec les stagiaires et où il va se fonder sur l'expérience plus ou moins grande déjà acquise par les participants et l'intégrer dans la construction d'ensemble. Définissons plutôt le guide d'animation comme le fil conducteur souple qui lui permettra de mener à bon port le groupe de stagiaires.

Nous décrirons donc plutôt ce guide d'animation comme un manuel d'instructions que le formateur se donne à lui-même pour conduire fermement et en souplesse son programme de formation. Tout le cadre du séminaire y est décrit d'avance.

Utilités du guide d'animation de la formation

Cet instrument vous permet de conduire avec rigueur votre séminaire. Vous ne perdez pas le fil de vos idées, même en cas de digression ou d'incident. De plus, parce que votre construction pédagogique est écrite, vous dégagez votre esprit du souci de l'enchaînement des séquences et vous êtes plus disponible pour écouter les stagiaires. La logique de la construction de votre démarche pédagogique est reflétée par cet instrument. Même si vous n'êtes pas en forme ce jour-là, votre guide vous soutient et vous met à l'abri des improvisations, toujours aventureuses, notamment concernant les questions qui lanceront les échanges avec le groupe. Vous êtes ainsi assuré de poser exactement la question comme vous l'avez pensée, puisqu'elle est écrite. Enfin, l'assistance prend vite confiance dans votre professionnalisme, matérialisé par la présence du guide que vous consultez, posé sur votre table.

Description d'un guide du formateur

Pour construire votre guide du formateur, commencez par faire l'inventaire des contenus envisageables relatifs au thème choisi. Puis ordonnez ces contenus dans un ordre logique. Enfin, déduisez les questions ouvertes que vous poserez pour lancer la discussion avec les stagiaires.

Une fois rédigé, cet ouvrage contiendra...

1. Les indications concernant la salle où se tiendra la formation (salle pour les séances plénières, éventuellement petites salles pour les travaux en commissions) et l'équipement (disposition des tables, nombre de chaises ou de fauteuils, un ou deux tableaux de conférence, un grand écran, un rétroprojecteur ou un vidéoprojecteur, un porte-nom par participant, du papier pour les prises de notes, etc.).

2. Le rappel de l'objectif de la formation.

3. L'intitulé de la formation.

4. Un bref message de bienvenue en style télégraphique.

5. Une brève présentation si vous n'êtes pas déjà connu.

6. Les termes du « contrat » (voir page 66, chapitre 8, consacré au schéma-type d'une réunion de formation) en style télégraphique.

7. Les indications pour le tour de table de présentation des participants (prénom, nom, activité professionnelle, attentes par rapport au séminaire, difficultés à résoudre, etc.).

8. Éventuellement (si c'est une pratique que l'on vous a enseignée), la synthèse des attentes et leur rattachement aux différents chapitres prévus pour la formation.

9. Les questions ouvertes qui lanceront la discussion, que vous aurez soigneusement préparées et qui seront intégralement écrites.

Le guide d'animation prévoit et encadre rigoureusement le déroulement du séminaire.

Figureront ensuite différents feuillets, un par épisode successif de la formation. Ils comporteront :

❖ des éléments pour les synthèses des discussions proposées aux stagiaires et qui constituent une partie de vos apports ;

❖ les instructions à donner pour les travaux en sous-groupes ;

❖ les indications relatives aux simulations ou aux jeux de rôles (cas support, situation rencontrée, rôles des protagonistes, analyses confiées aux observateurs de la simulation) ;

❖ les schémas de vos apports pour une utilisation à l'occasion d'une synthèse ou bien pour une brève séance *ex cathedra* (petit « exposé-conférence ») ;

❖ les durées estimées pour chaque séquence de la formation ;

❖ ce que vous devez faire et dire en fin de journée et au début de chaque journée suivante.

La fin de ce document s'attachera à :

❖ la synthèse finale (en style télégraphique) ;

❖ le mot de la conclusion (sur le thème des encouragements à appliquer les enseignements du séminaire) ;

❖ les instructions pour le déroulement du tour de table final (si vous avez prévu de le faire) ;

❖ les explications relatives à la rédaction de la feuille d'évaluation.

L'évaluation des durées

Le calcul de l'évaluation du temps nécessaire pour chaque séquence de la formation n'est pas très facile quand on débute dans ce métier. Voici comment procéder.

Pour le moment, votre guide du formateur est à l'état de brouillon, c'est-à-dire un ensemble de feuillets séparés que vous pourrez compléter ou retrancher selon les besoins.

Déclenchez votre chronomètre et lisez à voix lente ce que vous avez prévu de dire pour lancer le débat. Par exemple, exposé des points de repères pour analyser l'exercice qui va suivre. Combien de minutes vous a-t-il fallu ?

Puis, pour l'exercice proposé, par exemple une simulation :

• déterminez le temps utile pour expliquer l'exercice ;

• estimez le temps de mise en place des protagonistes ;

• prévoyez une dizaine de minutes pour l'exercice proprement dit (s'il s'agit d'une simulation, elle ne doit pas durer trop longtemps) ;

• estimez le temps des commentaires des participants et le vôtre.

Un document personnel

Il n'existe pas de guide standard du formateur et c'est mieux ainsi. En effet, ce document est éminemment personnel. Vous seul êtes apte à le composer en fonction de votre façon de travailler en formation avec un groupe de personnes.

Ne commettez pas l'erreur d'écrire intégralement tout ce que vous allez dire. Ce genre de document, dont vous prendrez à certains moments connaissance d'un coup d'œil, nécessite un style télégraphique et des signaux graphiques qui vous rappelleront ce que vous devez faire aux différents moments de l'animation.

Si votre écriture est lisible, composez ce document à la main, en caractères suffisamment gros pour que vous puissiez vous en rappeler d'un simple coup d'œil.

Bien que vous trouviez dans les pages suivantes un extrait d'un de nos guides en guise d'exemple, ne vous avisez pas de le recopier, ni même de reprendre les formulations que nous utilisons ! Vous risqueriez d'être mal à l'aise avec notre vocabulaire. Votre guide ne vous ira comme un gant que s'il est agencé selon votre plan, avec vos paroles et vos questions, telles que vous les posez au groupe de stagiaires.

Exemple de guide du formateur (extraits)

Séminaire : Initiation au management (deux jours)

Logistique :

– grande salle plénière ;
– tables en U ;
– grand écran ;
– rétroprojecteur ;
– transparents ;
– deux tableaux de conférence ;
– petite table pour le formateur ;
– blocs-notes et crayons.

.../...

Objectif du séminaire : à travers la réflexion sur le thème de l'Initiation au management destinée à d'anciens opérationnels promus chargés d'encadrement, installer dans les esprits les notions d'objectifs ; d'anticipation, de planification, de réalisation et de contrôle des actions ; de respect des délais et de culture du client sans lequel aucune entreprise n'est viable.

« Bienvenue à ces deux journées consacrées aux pratiques du management.

Noter au tableau

Comment allons-nous travailler ?
Nous allons d'abord faire connaissance par un <u>*tour de table*</u>.
Au cours de votre présentation personnelle, vous exposerez les questions que soulève pour vous la conduite des personnes qui vous sont confiées.
Puis nous définirons :
- les attitudes ;
- les activités ;
- leur hiérarchie d'importance.

Noter au tableau

Ceci nous occupera toute la matinée.
Nous ferons une pause en milieu de matinée.
Nous déjeunerons ensemble et vous disposerez d'une demi-heure après le repas pour vous détendre.
Je vais faire quelques recommandations :
- Investissez-vous beaucoup dans ce séminaire : isolez-vous de vos activités quotidiennes ; éteignez vos téléphones portables. Merci.
- Essayez d'être aussi positif que possible.
- Si quelque chose ne vous convient pas, plutôt que de critiquer, faites une contre-proposition créative.
- Nous soumettrons alors la proposition et la contre-proposition à notre discussion.
- J'utiliserai beaucoup les tableaux de conférence pour que vous puissiez prendre des notes.
Avez-vous des questions ? »

<u>Tour de table :</u>
(Noter au tableau)
…/…

Chacun se présentera :
– prénom, nom ;
– fonction, spécialité ;
– nombre de collaborateurs ;
– problème de management ;
– questions à résoudre.

Pour quatorze personnes, prévoir entre soixante et soixante-dix minutes.

Synthèse des « problèmes » et des « questions » ordonnés selon l'ordre du programme :
– *attitudes comparées d'un manager et d'un opérationnel ;*
– *activités typiques d'un manager ;*
– *hiérarchie de ces activités selon leur importance ;*
– *temps nécessaire à leur accomplissement ;*
– *qualités fondamentales d'un manager ;*
– *méthodes de travail et savoir-faire du manager.*

« *Ce séminaire est très participatif.*
Je ne suis pas là pour faire une conférence et vous imposer mes vérités.
Je ne serai que le guide de votre réflexion en commun. »

Première séance :
« *Vous qui étiez récemment encore opérationnel, quelles différences voyez-vous entre votre ancienne position et celle de chargé d'encadrement que vous occupez aujourd'hui ?* »

Noter réponses au tableau

==

(Interruption de l'exemple de guide du formateur ; voir suite ci-dessous)

.../...

En fin de première journée, annoncer :
« *Demain matin, en commençant notre deuxième journée de travail, nous ferons un retour en arrière sur ce qui vous aura paru le plus important dans nos travaux de la première journée.* »

Début de la deuxième journée :
« *Avez-vous passé une bonne nuit ? Bien reposés ?*
Comme promis hier soir, nous allons faire ensemble un retour en arrière sur la journée d'hier.
Qu'en avez-vous retenu ?
Y a-t-il des aspects sur lesquels, à la réflexion, vous voulez revenir, pour les approfondir ? pour vérifier certains détails d'application ? »

Consacrer le temps nécessaire à cette étape pour ne pas laisser les points essentiels dans le flou.

Enchaîner sur la suite des travaux :
« *Nous allons à présent nous répartir en trois sous-groupes pour améliorer nos savoir-faire pratiques sur ce que vous avez demandé parmi les thèmes inventoriés hier.*
Pour assurer le bon fonctionnement des sous-groupes, il faudra que vous commenciez par vous doter d'un « président-animateur » qui prendra la responsabilité de votre travail et d'un « secrétaire-rapporteur », qui notera toutes vos idées et les présentera ensuite en réunion plénière.
Vous disposerez de vingt minutes pour ce travail. Il vous faut donc être vifs et actifs. »

Mise en route des sous-groupes.

(Fin des extraits)

Quand on est pris par le temps…

Voici un dernier conseil. Nous reconnaissons que l'élaboration d'un guide du formateur demande du temps. Si, un jour, pris par le temps, vous ne disposez pas du délai nécessaire pour construire un guide complet, limitez-vous à la rédaction des questions qui lanceront les échanges de chaque séance. Vous serez au moins assuré de faire partir la discussion dans la bonne direction.

Deux hypothèses :

Que prévoir si le déroulement du séminaire est plus rapide que prévu ?

Composez une réserve d'apports complémentaires ou d'exercices supplémentaires.

Que supprimer si le déroulement du séminaire est moins rapide que prévu ?

Envisagez d'abréger un ou plusieurs exercices.

Renvoyez à certains apports en demandant aux stagiaires de prendre connaissance de certains documents ou ouvrages.

Proposez aux stagiaires de travailler à la maison.

Organisez une « nocturne »[a], c'est-à-dire un travail après le dîner.

---

a. Vous noterez cependant qu'une nocturne, qui a pour effet d'allonger le temps de travail en séminaire, a des répercussions sur la journée suivante, l'après-midi du second jour voyant baisser le tonus des stagiaires.

7

Des invitations motivantes

Inviter à participer à la formation

Comme tout un chacun, nous avons été plusieurs fois conviés à des formations. Qu'elles nous parviennent sous la forme d'une lettre ou aujourd'hui par courriel, nous ne manquons pas d'être surpris par le manque d'exigence que le responsable de la formation nous manifeste. En effet, pas une seule fois il ne nous a été demandé de faire une préparation spéciale. Par exemple, on pourrait nous demander de faire un point sur certaines connaissances ou pratiques. Mais tout au plus nous demande-t-on parfois de venir avec quelques documents.

Or, il ne suffit pas d'annoncer le titre de la formation, le lieu où elle se tiendra, comment on y accède, le jour et l'heure du début et de la fin, éventuellement les conditions d'hébergement, pour pouvoir prétendre que le stagiaire s'apprête à vivre une expérience intense qui marquera sa vie professionnelle. C'est pourtant bien là l'enjeu de toute formation.

Une invitation séduisante

Ne tombez pas à votre tour dans ce travers. **Inviter** à une formation ne peut se limiter à un acte administratif. Il faut motiver les participants, les mobiliser, en leur demandant une préparation spécifique.

Remarquez au passage que nous ne parlons pas de **convocation**, parce que ce mot dissimule mal une contrainte. Les stagiaires doivent être considérés comme des personnes venant de leur plein gré à cette étape, qui vise à améliorer leur vie professionnelle.

Tout apprentissage suppose l'existence du désir d'apprendre, c'est-à-dire savoir à quoi va servir ce qu'on va apprendre. Pour motiver les participants, le titre donné au séminaire doit donc véhiculer une forte valeur de séduction ou, à tout le moins, mettre en évidence son utilité.

Par exemple, plutôt que d'annoncer un séminaire de « Gestion du temps » (ou si vous êtes « anglolâtre », et annoncez un « Time Management Training » ce qui ne change rien à la platitude de l'annonce), pourquoi ne pas proposer : « Être plus efficace et plus détendu en 35 heures ? Pourquoi pas ? (C'est à votre portée) » ?

Pour notre part, nous proposons aux vendeurs suivant nos séminaires classiques de « Techniques de la Vente», de travailler autour de nous à un « Atelier de la Vente »[1].

Il est possible parfois que certains thèmes soient jugés rébarbatifs ou dérangeants par les participants. Si votre formation porte sur de nouvelles méthodes de travail ou une nouvelle organisation, les participants, inquiets, vien-

---

1.   « Techniques de la Vente » et « Ateliers de la Vente » sont des marques déposées par Moulinier et Associés et René Moulinier.

dront au mieux en traînant les pieds et plus probablement bardés de préventions hostiles et de défenses. Dans
de tels cas, mieux vaut camoufler le thème réellement
abordé en lui donnant un titre acceptable. Par exemple,
annoncer « un nouvel élan » dissimule la perspective de
réorganisation tout en étant en relation avec celle-ci,
puisque le but est bien un redéploiement de l'activité de
l'entreprise.

Mobiliser les participants

En évoquant la préparation spécifique, vous souhaitez
que chaque participant arrive armé, documenté, motivé
pour être actif et même moteur. Or, vous observerez que
dans une très forte proportion, les stagiaires arrivent à
une formation dans un état d'esprit passif.

La participation active des stagiaires commence dès l'invitation.

Au cours du tour de table qui se déroule au début du
séminaire, tout formateur demande classiquement à chaque participant de définir ses attentes, les problèmes qu'il
cherche à résoudre, ses difficultés par rapport au thème
de la formation. Mais comme personne ne lui a demandé
d'y réfléchir **avant** le début de la formation, il va par
conséquent improviser une vague réponse, souvent
d'ailleurs inspirée par les déclarations de ceux qui ont
parlé avant lui. Non seulement il improvise, mais faute
de réflexion préalable, il ne livre pas l'état réel de son
besoin.

Il est donc indispensable que le libellé de l'invitation précise à chaque stagiaire qu'il est appelé à une participation active et que c'est pour cette raison qu'un travail préliminaire lui est demandé.

8

Schéma-type commenté d'une réunion de formation participative

Nous avons à plusieurs reprises souligné ce qui distingue le formateur de l'enseignant classique, c'est-à-dire le dialogue engagé par le premier entre ce qu'il va apporter aux stagiaires et les connaissances et les expériences déjà acquises par ces derniers. La structure des séances de formation reflète cette intention.

Le schéma-type de réunion de formation ici présenté est celui d'une seule journée. Vous extrapolerez facilement à un séminaire de plusieurs jours.

Accueil

Il est préférable que l'accueil se déroule autour d'une petite table où l'on trouvera du café, du thé, des jus de fruits et éventuellement quelques viennoiseries.

Ce moment qui précède le début de la journée de formation vous permet de saluer les participants déjà connus ou de commencer à faire connaissance avec ceux que vous rencontrez pour la première fois.

Un autre avantage de ce moment d'accueil est de permettre aux retardataires d'arriver, surtout si vous avez annoncé une heure de début de réunion sans préciser qu'il s'agissait de l'accueil.

À l'heure dite, tous entrent en salle.

Bienvenue

Avec le même esprit sympathique qui a présidé à l'accueil et pour bien montrer que vous êtes le « patron » du déroulement, prononcez quelques paroles de bienvenue. Cela vous permet de rappeler le titre donné à la journée de formation (ou aux journées, s'il y en a plusieurs, consécutives ou non) : « *Je suis heureux de vous accueillir à cette journée consacrée au perfectionnement de nos conduites d'entretiens d'évaluation.* »

Le « contrat »

Pour installer confortablement les stagiaires dans cet événement particulier qu'est une séance de formation, il faut à la fois les informer et les rassurer.

L'information portera sur :

❖ le formateur (seulement si vous n'êtes pas connu : *vous vous présentez alors en indiquant votre prénom et votre nom et éventuellement vos références et votre spécialité, aussi brièvement que possible*) ;

❖ le tour de table au cours duquel chacun se présentera et dira ce qu'il attend de cette formation, et, le cas échéant, les problèmes qu'il souhaite résoudre ;

❖ le contenu du programme (le plan), même s'il figure sur l'invitation (de toute façon, certains stagiaires l'auront oubliée chez eux*)* ;

❖ les horaires, c'est-à-dire les temps de pauses et de repas, les durées approximatives de chaque séquence du programme de la journée ;

❖ le style du séminaire (modalités pour une participation active, exercices, travaux en sous-groupes, simulations avec le caméscope, etc.) ;

❖ les attitudes (constructives) souhaitées par vous ;

❖ le souhait que les plus expérimentés des stagiaires aident ceux qui le sont moins (*si le cas se présente*).

Toutes ces informations, avec leur modalité d'exigence de votre part, constituent le « contrat » que vous nouez avec les participants dès le début de la journée de formation. Ce contrat régira le bon déroulement de la journée en même temps qu'il proposera à chacun d'adopter un certain état d'esprit, au moins pendant le séminaire.

N'oubliez pas de demander l'accord des participants : « *Cela vous convient-il ?* »

Le tour de table

Pour que le tour de table fonctionne bien, rappelez, en l'écrivant sur le tableau de conférence, le plan de présentation de chacun *(prénom, nom, fonction, spécialité professionnelle, attentes par rapport à ce programme de formation, problèmes à résoudre).*

Pour gagner du temps, vous aurez reporté ce plan au préalable sur le tableau, mais vous ne révélerez ce que vous avez écrit qu'au moment de définir le tour de table.

Ce dernier n'est pas seulement un usage formel. Il vous permet non seulement de mesurer la plus ou moins grande implication de chacun par rapport au thème traité, mais aussi de percevoir les différentes attitudes des stagiaires, avec lesquelles vous devrez composer.

La synthèse des attentes

Regrouper les attentes par famille et dire aux stagiaires comment elles s'articulent avec le programme et enfin à quel moment vous allez les traiter leur permet de comprendre que vous êtes à leur écoute et que ce séminaire va leur être utile.

En fin de journée, vous comparerez les acquis des travaux de la journée avec les attentes exprimées.

La première séquence de la formation

Où en sont les stagiaires ? Cette première séquence dépend de votre démarche pédagogique. Allez-vous faire faire un exercice de sensibilisation qui vous permettra d'étalonner leur niveau ou de partir des difficultés rencontrées ? Commencerez-vous par un bref exposé préliminaire destiné à leur inculquer un élément de méthode ? Ou préfèrerez-vous lancer une discussion entre eux et vous, par exemple pour apprécier l'état de leurs connaissances ou de leurs savoir-faire ?

L'important est de favoriser leur participation active dès le début de la formation.

Dans le cas d'un exercice de sensibilisation (par exemple, sur le thème de la prise de parole en public), vous allez demander à chaque stagiaire de se présenter, non pas lors d'un tour de table, mais devant ses camarades de stage et vous le filmerez avec le caméscope. Puis, avant de diffuser tous les enregistrements, vous ferez définir par le groupe les critères d'un bon exposé. Vous fournirez ainsi une grille de lecture des prestations de chacun.

L'exposé préliminaire (par exemple pour une formation à la gestion de son emploi du temps) peut consister en un bref historique de la réduction du temps de travail depuis 1850 à nos jours, préludant à un travail personnel de chaque stagiaire sur son emploi du temps, ce travail personnel constituant la première participation active au séminaire.

La discussion sera lancée par des questions générales ouvertes. Par exemple, pour un séminaire centré sur la relation des managers avec leurs collaborateurs, ce pourrait être : « *Qu'avez-vous retiré des formations que vous avez suivies sur l'analyse transactionnelle, sur la programmation neurolinguistique et sur l'ennéagramme ?* »

Puis, après les réponses entendues, que vous aurez notées sur le tableau de conférence, vous passerez à une nouvelle interrogation : « *Quelle est aujourd'hui la nature de vos difficultés relationnelles avec vos collaborateurs ?* »

Dans les trois cas de figure que nous avons pris en exemple, vous réalisez ce qu'on appelle la « mise en déséquilibre », c'est-à-dire le constat par chacun des stagiaires de son insuffisance, pour l'aider à adhérer aux propositions et aux entraînements que lui proposera le formateur.

La « mise en déséquilibre » révèle à chaque stagiaire son besoin personnel de formation.

Les apports

Les apports visant à expliquer comment procéder pour résoudre la difficulté rencontrée seront de plusieurs types, que l'on peut utiliser successivement :

❖ simple exposé aussi schématique que possible du formateur ;

❖ témoignage du formateur lui-même ou d'un tiers crédible (qui peut être l'un des stagiaires) ;

❖ démonstration par le formateur.

Les exercices d'application

On ne devient pas un cavalier de sauts d'obstacles en regardant même les plus grands champions de la spécialité, mais en montant soi-même à cheval. Ainsi en va-t-il de vos stagiaires. Vous avez expliqué ; vous avez effectué une démonstration avec des phases et des points-clés ; il faut qu'à son tour chacun des stagiaires se lance.

C'est à ce moment-là que les aînés, ceux qui ont déjà une expérience, vont vous permettre de démultiplier les expérimentations simultanées (rappelez-vous que dans le « contrat » évoqué en début de matinée, vous les avez impliqués).

Les synthèses intermédiaires

Le plan que vous avez annoncé se déroule. Cependant, s'il est clair dans votre esprit, si vous savez où vous en êtes, il n'en va pas forcément ainsi pour les stagiaires. Il faut donc faire de temps en temps un point d'étape. Présenté sous forme d'une petite synthèse, celui-ci permet de clarifier les idées (c'est la fonction de tout résumé), de montrer où l'on en est, de faire visualiser la progression. Vous montrez ainsi le chemin parcouru et ce qui reste à faire pour aller au bout de la formation.

Ce moment est également utile pour remercier des efforts accomplis et pour faire constater, s'il y a lieu – mais nous l'espérons –, les progrès déjà obtenus.

La séance de reprise

Après le déjeuner, et même après une pause, il convient de remettre les participants dans le cours de la formation. Ce sera l'objet d'un bref rappel de votre part : « *Nous en étions restés à tel point de notre programme. Nous allons aborder maintenant le point suivant.* »

Le bilan de la journée

Tout – ou presque – ce qui figurait au programme a été traité. Il faut maintenant tirer les enseignements de cette journée. Ce bilan portera sur plusieurs aspects :

❖ le contenu de la formation a-t-il apporté les réponses aux attentes et aux problèmes exposés par les participants au début de la réunion ?

❖ quels engagements d'application les stagiaires prendront-ils (« *Ce que je m'engage à appliquer et quand* ») ?

Puis procédez, selon l'usage, à l'évaluation formelle de la journée de formation.

Cas particulier d'une formation sur plusieurs journées

En temps normal, si chaque journée de formation fait partie d'un cycle, les espaces de temps entre les séances de formation seront mis à profit pour des travaux d'application en conditions réelles. Il est donc légitime de commencer ainsi chaque nouvelle journée : vous commencez par un mot d'accueil et de bienvenue.

Puis faites un retour en arrière sur les acquis de la journée précédente : « *Qu'avez-vous retenu de la précédente journée ?* » ; « *Qu'avez-vous mis en application ?* » ; « *Comment cela s'est-il passé ?* » ; « *Quelles difficultés avez-vous rencontrées ?* »

Revenez alors sur ce que vous avez déjà dit pour éviter ces difficultés ou complétez votre message si vous réalisez qu'il n'a pas été suffisamment complet ou explicite.

9

Pratiques pédagogiques

La formulation des attentes des participants

Notre expérience nous montre que la formulation des attentes des participants par rapport à la formation à laquelle ils se sont inscrits (ou on les a inscrits) est assez vague, construite en général sur des formules toutes faites ou inspirées par celui qui a parlé auparavant lors du tour de table. Nous avons proposé un premier contre-feu dans la formulation de l'invitation. Mais il faut aller plus loin.

Si un stagiaire déclare, par exemple : « *Je veux savoir ce qu'est la publicité* », cette « attente » ne vous éclaire guère. Peut-être même s'agit-il là d'un des articles du programme de formation. Il faut que cette question soit approfondie, que le stagiaire prenne des risques sur la formulation. Vous allez donc l'aider à personnaliser sa demande. Par exemple : « *Quelle est votre fonction ? En quoi la publicité peut-elle intervenir pour améliorer votre fonction ?* »

Mais ce n'est pas tout. Il convient d'approfondir la question en intéressant **tous** les participants. Vous ne pouvez pas vous contenter de vous limiter à la formulation donnée par l'élite de l'assistance, mais devez démocratiser l'expression de l'attente.

De la même manière, le formateur ne doit pas imposer **sa** formulation. Pensez à poser une question telle que : *« Qu'est-ce que ce séminaire peut changer pour vous ? »*

Les représentations du séminaire dans l'esprit des participants

Vous ne serez pas souvent le premier formateur avec lequel travaillent les stagiaires réunis autour de vous. Que représente, dans leur esprit, ce séminaire de formation qui va commencer ? Quelles images s'associent en eux aux mots « formation », « séminaire » ? Pour le savoir, le mieux est de le leur demander afin qu'ils formulent leurs expériences précédentes. Parfois, il est même recommandé d'aller plus loin, pour leur faire exprimer leurs **peurs** vis-à-vis du formateur.

La « mise en déséquilibre »

Il n'est pas certain que les stagiaires présents dans la salle de formation soient tous avides de connaissances, de savoir-faire, de comportements nouveaux. Et ce n'est pas en les « gavant » de séminaires, de conférences ou d'exposés qu'ils vont progresser. Le progrès passe plutôt par leur volonté personnelle de se prendre en charge.

Cependant, nous observons que nombre de professionnels confondent la longévité de leur temps de présence dans une certaine discipline avec leur haute qualification pour l'accomplir. En tant que formateur, vous aurez affaire à des personnes qui peuvent se dire intérieurement et sincèrement : « *Avec mes dix ans d'exercice de la vente, je suis nécessairement un bon vendeur.* » Avec le temps, l'intéressé aura acquis des trucs, des tics, quelques recettes, mais il n'est pas dit que toutes ces acquisitions lui permettent de travailler méthodiquement et efficacement.

La formation est une action qui consiste à placer chaque participant dans une situation lui permettant l'apprentissage d'un certain nombre de savoirs et de comportements nouveaux.

Il faut donc faire constater à chacun que ce qu'il pense être un bon niveau ne l'est pas véritablement et qu'il a encore des progrès à accomplir, que précisément le formateur va l'aider à acquérir. Ce constat s'appelle la **mise en déséquilibre**. En général, on parvient à celle-ci par un exercice, enregistré avec un caméscope. Grâce à la rediffusion de l'exercice filmé, ce qui est insuffisant ou inexistant dans la pratique de chaque stagiaire sera mis en évidence.

La mise en déséquilibre désigne en somme la prise de conscience par le stagiaire de la nécessité de s'améliorer.

La démonstration : phases et points-clés

Dire ne suffit pas pour transmettre une méthode, un savoir-faire ou un tour de main. Il faut d'abord présenter un modèle, par exemple par la projection d'illustrations ou de schémas. Mais cela n'est pas toujours suffisant. Il faut encore obtenir que le stagiaire s'exerce à faire lui-

même ce qu'il devra pratiquer ensuite dans sa vie professionnelle. Or, même s'il trouve que le modèle qu'on lui a
présenté paraît simple à reproduire, dès lors qu'il s'agit
de le faire soi-même, il n'y parvient pas.

Aussi, le formateur va **décomposer** l'action à reproduire
en autant de moments successifs (appelés **phases**) qu'il est
nécessaire. Lors de chacune des phases sera ou seront
signalés la ou les particularités qui permettent sa
réussite : c'est ce que l'on appelle les **points-clés**. La
démonstration en phases et en points-clés constitue un
simple processus analytique. Selon l'intelligence et la dextérité des stagiaires, on réduira ou on augmentera le
nombre de phases.

La projection de « préceptes »

Nous appelons préceptes des vérités issues de l'expérience. Nous ne les considérons pas comme absolues et
définitives, car d'une expérience en sens contraire pourrait naître une autre vérité, un autre précepte. D'autres
termes pourraient leur être substitués : les « apophtegmes »
(le mot est, certes, un peu recherché), les « maximes »,
les « principes », les « leçons », les « prescriptions », ou
encore les « vérités d'expérience » ou « expérimentales ».

Un précepte rassemble, en quelques mots, l'essentiel d'un
point de méthode, d'un savoir-faire, d'une habileté, d'un
mode d'emploi, d'une pratique recommandée, d'une
règle de conduite.

La projection des préceptes sur écran, à partir d'un ordinateur intégrant le logiciel PowerPoint, met en valeur les
propos du formateur et imprègne mieux les esprits des
participants. On trouve dans cette exposition du précepte

sur l'écran, en grosses lettres, une fonction de répétition chargée de favoriser la mémorisation par l'assistance.

Les préceptes sont des vérités issues de l'expérience.

Toutefois, n'exposez pas trop longtemps les stagiaires à la projection des préceptes. Comme vous le savez sans doute, une projection d'une durée supérieure à dix minutes installe les participants au séminaire dans une sorte de passivité, qui, si on prolonge l'expérience, débouche sur un assoupissement généralisé, surtout si la projection a lieu après le déjeuner. En pratique, vous projetterez trois, quatre, cinq préceptes, mais pas davantage, afin de maintenir l'assistance éveillée et active.

Maïeutique et filtrage

L'une des difficultés de l'exercice de la formation consiste pour le formateur à respecter les points de vue pas toujours concordants des stagiaires, et en même temps à ne pas imposer d'emblée le message qu'il est chargé de transmettre et de faire pratiquer.

Il lui faut alors appliquer, avec l'ensemble des stagiaires, la maïeutique socratique, qui consiste, comme vous le savez probablement, à procéder par questionnement, à écouter les réponses et, tout en dialoguant, à faire évoluer les points de vue vers le sien (en réalité le message de formation) par petites touches, en nuançant les propos non conformes au message pour composer une formulation la plus proche possible du message de formation.

Cette pratique exige du formateur la connaissance parfaite du message de formation ainsi qu'un vocabulaire étendu qui facilitera le passage insensible d'un point de vue à un autre. Nous reconnaissons cependant que, nous adressant à de nouveaux formateurs, nous évoquons une technique pédagogique qui demande un certain entraînement avant d'obtenir une certaine aisance dans la pratique de cette négociation dialectique.

Rapidement décrite, cette maïeutique consiste à faire découvrir et à construire en commun le contenu du message pédagogique. En donnant la parole à l'ensemble des stagiaires, le formateur va entendre :

* des propositions proches ou conformes à ce qu'il veut faire découvrir, qu'il va noter sur le tableau de conférence ;
* des propositions nécessitant d'être ajustées ; il va demander aux stagiaires d'en débattre et éventuellement donner son point de vue, de façon à parvenir à une formulation orthodoxe ;
* des propositions en désaccord total avec le message prévu : soit il peut charger l'un de ses « alliés » dans le groupe de contredire ce qui vient d'être énoncé, soit personnellement discuter le point en question pour l'écarter, soit encore le noter à part, dans une sorte de « purgatoire » dont il l'extraira ultérieurement après avoir fait définir des critères d'acceptation des propositions émanant de l'assistance qui élimineront *de facto* la proposition à écarter ;
* des oublis, qu'il notifiera aux stagiaires (par exemple en disant : « *Personne n'a parlé de…* ») et qui, une fois repris par eux, deviendront des éléments de la construction collective.

Les simulations

Une simulation désigne un exercice effectué par deux des participants au séminaire, en présence du reste de l'assistance. Lors de la simulation, on cherche à reproduire en salle une circonstance issue de la réalité de la vie en entreprise.

Ce sera, par exemple, une négociation entre un chargé d'affaires et un client, ou bien une séance d'évaluation entre un évaluateur et un évalué, ou encore un recadrage entre un responsable et un collaborateur du service. En général, on utilisera la trame d'un cas démarqué de situations professionnelles réellement rencontrées dans l'entreprise et dont les noms des protagonistes auront été modifiés (voir chapitre 11, p. 96).

Les simulations ont pour but d'expérimenter les apports présentés préalablement par le formateur.

Il vaut mieux que la première simulation soit effectuée par des volontaires. Quand ceux-ci hésitent, voire sont réticents à l'idée de s'exercer devant leurs camarades parce qu'ils sentent bien qu'ils ne maîtrisent pas bien ce qu'on leur demande, soulignez, pour encourager les « vocations », que ceux qui s'entraîneront ainsi tireront un meilleur profit du séminaire. En effet, ils bénéficieront plus que leurs camarades des avis et des conseils personnalisés que vous leur donnerez : « *On n'apprend pas à monter à cheval en regardant les cavaliers depuis la tribune, mais en posant ses fesses sur le dos du cheval.* »

Vous pouvez accorder un temps bref de préparation aux protagonistes de la simulation, par exemple de cinq à sept minutes. Vous donnerez en aparté des informations confidentielles à chacun, que l'autre ignore au moment où débute la simulation. Pendant ce temps-là, les autres participants se prépareront à observer le jeu, comme nous le décrivons ci-après.

La simulation doit être assez brève. Dix minutes nous semblent un maximum. On pourra ainsi multiplier les exercices. Si, dans la réalité, l'action reproduite s'étend sur une demi-heure ou trois quarts d'heure, voire une heure ou plus, on limitera la simulation à une des phases de l'entretien, quitte à la morceler entre plusieurs exercices, par exemple en ne reprenant que le début de l'entretien, ou bien le traitement des obstacles rencontrés.

Le reste de l'assistance sera mobilisé pour rester activement observateur et ne pas se contenter de regarder passivement la simulation pour au final ne pas y voir grand-chose. Vous prierez chacun de noter ce qu'il perçoit dans le jeu des protagonistes.

Si l'observation porte sur de nombreux aspects simultanés, il est possible de spécialiser et de répartir les champs d'analyse entre les participants. Ainsi, on observera :

- ❖ les attitudes et les jeux de physionomie ;
- ❖ les tactiques du responsable et de son collaborateur (ou client et fournisseur) ;
- ❖ l'application des concepts déjà développés pendant le séminaire ;
- ❖ le langage de l'un et de l'autre et ses effets, etc.

Après la simulation, l'analyse rétrospective

Lors de l'**analyse rétrospective** (que certains appellent « débriefing », mot inconnu en anglais), vous demanderez à chacun de décrire ce qu'il a observé pendant le déroulement de la simulation : d'abord ce qui a été **bien réalisé** ; puis ce qui serait **à améliorer.**

Les mots ont leur importance. On notera à cet égard que nous ne parlons pas d'éléments « négatifs », « mal faits » ou « à proscrire ». En effet, chacun des participants est appelé à se perfectionner – c'est même la raison d'être du séminaire de formation. Alors, employer un vocabulaire qui conduit à rejeter l'essai au regard d'un « modèle parfait » mais inatteignable reviendrait à la négation même de votre rôle de pédagogue, c'est-à-dire d'homme ou de femme qui « prend par la main » le participant pour l'encourager à gravir l'une après l'autre les marches de l'amélioration, à son rythme. De plus, si votre critique est négative :

- vous l'humiliez face aux autres stagiaires (en Asie, on dirait que vous lui faites perdre la face) ;
- vous le découragez, puisque vous semblez lui dire que ce qu'il accomplit est mal fait et qu'il n'est pas capable de bien faire.

Si en revanche vous soulignez ce qu'il a bien fait (il faut parfois être un peu souple sur les critères…), il sera plus ouvert aux **conseils** que vous allez dispenser.

Pour le stagiaire qui s'est prêté à l'exercice de la simulation, sentir que l'on reconnaît en lui des atouts (ce qui est bien réalisé), l'encourage à agglomérer à ce premier noyau d'éléments positifs d'autres aspects issus des « conseils pour s'améliorer ».

Tandis que si les commentaires le dévalorisent en ne relevant que les aspects mal réalisés, une telle analyse déçoit celui à qui elle est destinée. Pire, il risque de se voir sur la pente de l'échec, dans la situation de quelqu'un incapable de réussir ce qu'on lui demande de faire.

Aussi, en tant que formateur, soyez très vigilant lors de l'analyse rétrospective pour que chacun s'efforce de mettre en évidence les aspects positifs au même titre que ceux à améliorer. Il est vrai que la tendance naturelle, au moins en France, est d'être plus apte à voir ce qui ne va pas, plutôt que ce qui va bien.

Pour sensibiliser les stagiaires à ce « mauvais penchant », quand j'entends trop de propos négatifs, j'écris en silence, en gros caractères sur le tableau de conférence les trois équations suivantes :

$$4 + 7 = 11$$

$$5 + 8 = 11$$

$$6 + 5 = 11$$

Puis j'attends que l'un des participants s'exclame : « *Mais, Monsieur, votre deuxième équation est fausse !* » Ce qui est vrai. Je réponds alors : « *Voyez, vous auriez tout aussi bien pu dire : sur trois équations, deux sont exactes. Mais nous avons toujours tendance à dénoncer ce qui boite.* »

Le formateur doit-il effectuer lui-même une démonstration ?

Faire une démonstration revient en quelque sorte à donner un corrigé vivant de l'exercice.

Deux écoles s'affrontent. Certains, craignant l'échec du formateur, sont d'avis, pour préserver son « prestige » qu'il doit se placer au-dessus de la mêlée. Mais d'autres – dont nous sommes – estiment que les propos, les méthodes et les conseils prodigués par le formateur sont d'autant plus crédibles qu'il est apte à réussir en pratiquant ce qui a pu paraître jusque-là comme théorique à certains stagiaires. Bien sûr, le formateur s'expose au risque d'échouer. Il lui suffit de ne pas tenter le diable et de ne démontrer que ce qu'il maîtrise bien.

Mais attention ! Cette démonstration doit d'une part être parfaitement en ligne avec le message de formation : il faut s'interdire les pirouettes, les astuces et tout ce que les participants ne seront pas capables de reproduire. D'autre part, le formateur respectera le niveau des capacités de l'assistance pendant sa démonstration, c'est-à-dire qu'il se mettra au niveau de leur langage, de leurs aptitudes, de leur faculté de compréhension. Vous n'êtes pas là pour briller ou pour jouer les vedettes.

Le « retour en arrière » de la deuxième journée de formation

Quand une formation s'étend sur plusieurs journées, consécutives ou non, il est bon de pratiquer, en début de deuxième journée et des éventuelles journées suivantes, un **retour en arrière** en commun pour que l'ensemble des participants résume les principaux points abordés la veille. Ce procédé pédagogique reprend l'idée bien connue du retour dans le passé, dit de flash-back. Celui-ci répond à plusieurs nécessités.

Il contribue ainsi au réveil et à la mobilisation des esprits des participants dès le début de la deuxième journée et des suivantes.

Certains participants, observons-les avec amusement, sont tentés de commencer passivement la deuxième (ou énième journée du séminaire). Pas de chance ! Le formateur est là pour les remobiliser dès la première minute de la journée et les obliger à faire un effort cérébral pour retrouver le souvenir des idées évoquées la veille, ou lors de la précédente journée de formation. Le message implicite est : « *Réveillez-vous, j'ai besoin de votre participation active.* »

Mais le principal intérêt du retour en arrière réside dans sa contribution à mémoriser les apports de la journée précédente. L'obligation faite à chacun de faire ré-émerger dans son esprit ce qui a été vu et entendu la veille facilite l'imprégnation durable du souvenir. À défaut, l'oubli commencerait à faire son effet.

Cette restitution peut aussi révéler :

❖ des incompréhensions ;
❖ des oublis partiels ;
❖ l'absence de hiérarchie d'importance des concepts.

Il revient alors au formateur de reprendre certains aspects de son message pour rétablir ce qui doit l'être grâce à :

❖ un retour aux propos tenus la veille ;
❖ des apports complémentaires ;
❖ de nouvelles explications.

Nous vous recommandons d'annoncer la veille aux stagiaires qu'un retour en arrière (ou une synthèse ou un résumé) sera pratiqué en début de réunion le lendemain matin ou lors de la journée suivante, si elle est espacée dans le temps. Certains participants, sachez-le, réviseront le soir, ce qui représente une démarche consciencieuse et sympathique de leur part.

La formulation pour lancer le flash-back sera par exemple : « *Que vous rappelez-vous d'essentiel de la journée d'hier ?* » Précisez - avec humour – que cela n'a rien à voir avec les « interrogations écrites » de la belle époque du collège et du lycée.

La réponse aux attentes des participants

Au début de la formation, vous avez sollicité et recueilli les attentes des participants. Par souci de transparence, par honnêteté intellectuelle, vous avez noté les questions posées sur le tableau de conférence. À la fin du séminaire, n'oubliez pas de reprendre cette liste pour vérifier, avec les participants, que vous avez bien apporté les réponses attendues.

En outre, vous allez confronter le travail effectué pendant la ou les séances de formation aux attentes exprimées au début du séminaire : « *Ai-je bien et complètement répondu à ce que vous demandiez ?* » Vous ne devez pas bâcler cette ultime séance de réponse aux questions posées. Il vous faut donc prévoir un temps suffisant pour la traiter, de l'ordre de vingt à trente minutes, surtout si vous pensez apporter, à cette occasion, quelques compléments ou insister sur certains aspects fondamentaux de votre enseignement.

Documentation pédagogique

Sauf s'il s'agit de cahiers d'exercices, par exemple pour l'enseignement de la comptabilité ou de langues étrangères, et dans la mesure où la documentation pédagogique a une fonction de rappel ou d'aide-mémoire, ne la distribuez qu'à la fin. Si vous donnez les résumés aide-mémoire au début de la formation, vous courez le risque que les stagiaires passent leur temps à repérer la concordance entre vos propos et ce qui figure dans l'aide-mémoire au détriment de leur participation active (avec à la clé des chuchotements entre stagiaires : « *Où en est-il ?* », « *C'est à quelle page ?* », etc.).

Deux idées pour vos formations

En tant qu'animateur de formation, vous n'avez pas le monopole des apports. Vos stagiaires sont des professionnels et certains ont expérimenté des méthodes ou des savoir-faire qu'ils peuvent transmettre à leurs collègues. Pour cela, il suffit de leur donner la parole. Voici deux idées de séances que vous pouvez leur confier.

Ce que je fais bien

L'idée qui préside à ce témoignage est de révéler l'expertise qui est en chacun. Prévenu à l'avance, celui qui va témoigner devant ses collègues met en général un point d'honneur à réussir son exposé. Bien sûr, cela va représenter un effort pendant quelques soirées en dehors du travail... Donc on peut compter sur une solide préparation pour que la prestation soit de bonne, voire d'excellente qualité.

Mon plan d'action pour l'année qui commence

Au lieu de soumettre, lors d'un tête-à-tête avec son supérieur hiérarchique, son plan d'activités pour l'année suivante, celui-ci sera exposé devant les collègues lors d'une réunion.

Pour que les participants n'écoutent pas passivement l'exposé de leur camarade, ils sont priés de l'évaluer, selon une grille préparée à l'avance. L'évaluation portera par exemple sur :

- les détails du plan d'action ;
- la cohérence des différentes actions entre elles ;
- la faisabilité ;
- le temps nécessaire pour réussir ;
- l'ambition du plan d'action ;
- son coût ;
- la plus-value financière apportée par ce plan ;
- la demande de coopération ou d'appuis extérieurs qu'il implique, etc.

Chaque critère de l'évaluation sera noté de 1 à 5.

La discussion générale qui suit l'exposé ainsi que les évaluations favorisent les justifications et les ajustements.

10

Les travaux de commissions

Le travail en sous-groupes

Appelé aussi travail en commission, le travail en sous-groupes consiste à scinder le groupe plénier en petits sous-ensembles de trois à quatre participants.

Les objectifs de cette scission sont multiples :

❖ permettre des échanges plus intimes entre les participants ;

❖ favoriser une meilleure connaissance et compréhension des personnes ;

❖ favoriser des témoignages personnels, plus aisés à exprimer en groupe restreint que plénier ;

❖ offrir aux timides un cadre plus approprié pour s'exprimer ;

❖ susciter l'expression d'idées non dévoilées en séance plénière (timidité de certains participants ou crainte des effets d'une difficulté d'expression, par exemple bégaiement, « cheveu sur la langue », etc.) ;

❖ amplification par le rapporteur de la commission des idées échangées par les membres du sous-groupe ;

❖ ordonnancement plus facile des prises de parole ;

❖ échanges, réflexion en commun ;

❖ multiplication des travaux, chaque commission s'emparant d'un thème différent ;

❖ création d'espaces de participation active en cas d'animation de la formation de plusieurs dizaines de personnes réunies en congrès.

Le travail en commission crée un cadre intime pour encourager l'expression des stagiaires.

Un animateur, un rapporteur

Pour que le travail en commission soit productif et ne se limite pas à un vague bavardage, il faut mettre en place plusieurs dispositions.

Il s'agit d'abord de déterminer la durée des travaux. Afin que l'échange soit vif, nous vous recommandons de les limiter à quinze minutes (vingt minutes au maximum) en sous groupes.

Puis il convient de désigner un « président animateur » de chaque commission. Chargé de susciter l'expression de chaque membre de la commission, il prend la responsabilité de la production et de la productivité de la commission (bonne utilisation du temps imparti). Il participe lui-même au débat, sans prendre une place trop prépondérante. Vous éviterez ainsi qu'il dicte au rapporteur ses propres vues sur le sujet traité, sans tenir compte des idées des autres membres de la commission.

Enfin, un « secrétaire rapporteur » doit être identifié. Ce membre à part entière du sous-groupe participe pleinement aux échanges à l'intérieur de la commission. Chargé de mettre en ordre et de synthétiser – sans les dénaturer – les différents apports des membres de la commission, il met en valeur les ordres de grandeur et les degrés d'importance des idées exprimées (avec l'aide du président animateur).

Cette fonction indispensable requiert un bon talent d'écoute et un art du dosage – nous observons souvent que les femmes sont meilleures dans cet exercice que leurs collègues masculins.

Veillez bien à ce que le rapporteur n'appauvrisse pas trop ce qui est échangé à l'intérieur du sous-groupe.

Pendant les travaux des commissions, le formateur ira d'un sous-groupe à l'autre, à la fois pour vérifier que chaque commission s'attache énergiquement au traitement du sujet qui lui a été confié, pour capter quelques-unes des réflexions émises par les participants, mais aussi pour vérifier que lors des exposés des rapporteurs en séance plénière, ces propos sont bien restitués.

11

Construire un cas pédagogique

On croit, à tort, que la méthode des cas est née à l'Université d'Harvard aux États-Unis pendant le premier quart du XXe siècle. En réalité, l'Église catholique utilisait déjà cette méthode au Moyen Âge pour enseigner au clergé la théologie morale (casuistique).

Quand, en formation professionnelle, on utilise des cas standard – il s'agit de ces cas que le formateur connaît si bien pour les avoir souvent utilisés, ce qui lui a permis d'y repérer toutes les chausse-trappes et de briller devant les stagiaires quand il donne la solution –, inévitablement, quelqu'un dans la salle vous dira que « *dans son métier, ce n'est pas pareil* ».

Il vaut donc mieux travailler sur des situations propres à l'entreprise. À cet effet, il vous faut construire des **cas pédagogiques**. On notera que le cas sera exposé par le formateur sous une forme écrite ou verbale, soit encore par un film en général réalisé avec un caméscope.

Caractéristiques d'un cas

Il s'agit d'une petite histoire vraie ou transposée à partir d'une histoire vraie. Les noms des protagonistes sont la plupart du temps modifiés.

Un cas ne constitue pas un état des lieux à un instant donné, mais décrit une situation dynamique issue d'un changement récent. Par exemple :

❖ un incident venant de se produire crée un problème ;

❖ un changement de stratégie dans notre entreprise ou chez l'un de ses importants partenaires nous oblige à changer le dispositif utilisé jusqu'alors ;

❖ l'historique des relations avec un partenaire révèle une dégradation préoccupante à laquelle il faut donner un coup d'arrêt ;

❖ un responsable se trouve à la croisée des chemins et ne sait pas quelle décision prendre, ni comment la mettre en œuvre, etc.

Pour avoir une valeur pédagogique, le cas doit permettre d'utiliser les méthodes et les enseignements fournis par le programme de formation. Il s'agira aussi bien de la résolution d'une difficulté relationnelle, d'un traitement des urgences, d'une animation d'un travail en groupe, d'une négociation avec un client ou un fournisseur, du traitement d'un conflit que de la conduite d'un entretien d'évaluation. Les situations sont multiples.

Les cas permettent aux stagiaires de travailler sur des situations concrètes.

Description d'un cas

Situons d'abord l'entreprise ou les entreprises concernées, qui servent de cadre au déroulement de l'histoire. Seront ensuite expliqués les faits, les incidents passés et les traces qu'ils ont laissées, ainsi que les événements récents.

Les différents personnages concernés de près ou de loin, y compris parfois des personnes sans rôle direct apparent, seront décrits avec leurs caractères, leur psychologie apparente, leurs sentiments, leurs buts.

Puis quelques extraits significatifs de propos tenus par les uns et les autres seront cités et les enjeux en arrière-plan de la situation actuelle seront mis en avant.

Si elles donnent un éclairage particulier de la question qui va faire l'objet des travaux de réflexion des stagiaires, des reproductions d'articles parus dans la presse peuvent être éventuellement fournies en annexe.

Préparation et rédaction d'un cas

Les matériaux nécessaires à la constitution d'un cas seront issus la plupart du temps des entretiens que vous mènerez avec des professionnels de l'entreprise et qui raconteront à votre demande des situations problématiques ou difficiles qu'ils auront vécues. Il est intéressant de se pencher sur un problème en cours et dont l'issue n'est pas connue : ainsi, les stagiaires contribuent parfois à trouver une voie innovante pour résoudre la question ; de plus, son actualité rend ce cas très attrayant.

D'autres sources de cas peuvent être trouvées dans l'exploitation de rapports ou de dossiers conservés en archives. Mais les situations qui en résultent n'ont pas le même aspect vivant que celles issues des interviews.

Vous rédigerez le cas sobrement en vous mettant à la portée de compréhension et d'analyse des personnes auxquelles vous en soumettrez l'étude. N'oubliez pas de rendre ce cas aussi vivant que possible, par exemple en citant quelques déclarations ou extraits de dialogues de certains protagonistes. Mais attention ! Un cas n'est pas une pièce de théâtre. Deux à quatre pages dactylographiées suffisent.

Une fois votre texte rédigé, interrogez-vous sur sa pertinence : est-il bien en phase avec l'objectif pédagogique que vous lui assignez ?

Soumettez ensuite votre projet de rédaction à ceux qui vous ont renseigné pour approbation, ajustement ou complément. Le cas qui suit illustre notre propos.

Un cas pratique de management

M. Ruelle, nouveau collaborateur de la société Atlantique de Banque (SAB), est entré en fonction il y a neuf mois au sein de la direction internationale et est chargé des affaires de l'Amérique latine. Ce poste lui a été confié en raison de ses compétences acquises au sein d'une banque importante avec la mission de développer l'activité internationale.

Ainsi, M. Ruelle est responsable des opérations commerciales à court terme (préfinancement de l'export, confirmation des lettres de crédit documentaire, refinancement des importations, etc.) en faveur de banques et de sociétés locales pour aider les sociétés françaises exportatrices vers l'Amérique latine.

Il y a quelques mois, M. Ruelle a dressé un plan d'action qu'il a fait valider par M. Bourville (direction internationale) et par M. Janoud (direction des affaires bancaires, dont dépend la direction internationale). Ce plan respecte les règles et les contraintes propres au groupe SAB et au fil des mois, sa réalisation s'est traduite par un accroissement du volume d'affaires et de la rentabilité.

Cependant, M. Ruelle se rend compte qu'au fur et à mesure qu'il engrange des résultats, l'adjoint de M. Bourville, M. Fargeau, prend d'abord ses distances avec lui, puis semble lui devenir hostile… En particulier, les résultats mensuels destinés à la direction internationale et à la direction des affaires bancaires ne sont pas transmis par M. Fargeau, qui en est le destinataire. De plus, les meilleures performances de « l'Amérique latine » suscitent la rivalité du « Moyen-Orient » et de « l'Asie ». « *On ne parle plus que de l'Amérique latine !* », est-il reproché à M. Ruelle. M. Fargeau conseille donc à ce dernier d'adopter un « *profil plus bas* » et « *d'aller moins vite* ».

Âgé de 50 ans et fort de vingt-cinq ans de maison, M. Fargeau a notamment été pendant dix ans le patron de MM. Berger, Bourreau et Brossard à la direction des relations avec les entreprises, avant d'être affecté à la direction internationale – ne sachant pas où le placer ailleurs… Autoritaire, semblable à un chef scout et père de huit enfants, il est très direct. Son long séjour dans la banque lui a permis de tisser un important réseau relationnel. Ainsi, il s'est lié d'amitié avec un cadre supérieur, qui pourrait devenir à terme directeur général de la banque, et bénéficie de nombreux appuis dans plusieurs départements.

M. Bourville, 55 ans et trente ans de maison, a beaucoup circulé dans les filiales et les activités de financements spécialisés. De type renard, ondoyant, à l'aise dans le flou, il arrondit les angles : M. Ruelle se demande donc s'il peut lui faire confiance. Quant à M. Janoud, formé à l'école bancaire américaine, où il a fait ses premières armes, il est entré à la SAB il y a trois ans avec quatre autres directeurs pour remettre de l'ordre dans la cacophonie de la structure et renflouer le navire. Il se focalise sur la rentabilité, très soucieux de l'efficacité et de la productivité de chacun des services.

M. Ruelle a cherché à obtenir des explications de M. Fargeau concernant l'évolution de son attitude à son égard, mais ce dernier a fui la conversation et préféré la reporter à plus tard… Quelque temps plus tard, M. Janoud confie à M. Ruelle une affaire difficile sur l'Argentine : il s'agit de récupérer une somme très importante pour la banque. La mission est remplie, mais le rapport mensuel qui en fait état n'est pas transmis par M. Fargeau.

M. Ruelle s'adresse alors directement à M. Bourville, qui réagit immédiatement et transmet l'information à M. Janoud.

Quand il apprend le court-circuit, M. Fargeau décide de confier à M. Ruelle une activité supplémentaire, qu'il devra exercer concurremment à son activité actuelle (opérations commerciales à court terme). Il s'agit de contacter les entreprises françaises exportatrices actives en Amérique latine, mission qui relève habituellement de la direction des relations avec les entreprises.

M. Ruelle suppose qu'avec cette surcharge de travail, M. Fargeau espère voir ses performances diminuer dans la première activité. En outre, l'empiétement créé sur les prérogatives de la direction des relations avec les entreprises entraîne des conflits avec les responsables des comptes, MM. Berger, Bourreau et Brossard.

M. Ruelle sollicite alors l'avis de M. Bourville : « *Les deux attributions que M. Fargeau m'a confiées sont-elles selon vous compatibles, étant donné qu'il me faut obtenir l'aval de M. Janoud, dont je ne dépends pas directement, et que je finis par avoir des différends avec les responsables des comptes ?* »

M. Bourville lui conseille donc de limiter son action aux activités vers l'Amérique latine des sociétés françaises. Cependant, la nécessité de travailler avec les filiales à l'étranger et la maison mère française rend le conseil inopérant et ne résout donc pas le problème posé.

Interrogé sur cette question, M. Janoud ne se prononce pas et indique laconiquement que M. Fargeau ne devrait pas s'éterniser à son poste.

Peu de temps après, M. Bourville évoque l'idée de confier un nouveau dossier de récupération de fonds, au Brésil cette fois, à M. Ruelle, qui en parle à M. Fargeau. Ce dernier rétorque : « *Vous n'êtes pas là pour faire de la récupération, mais pour développer les affaires de la deuxième activité que je vous ai confiée.* » Par ailleurs, M. Ruelle sait que M. Bourville a proposé ce dossier de récupération pour engranger un succès et se faire valoir auprès de M. Janoud. En effet, cette affaire traîne et est bloquée depuis des mois.

M. Ruelle se demande donc s'il ne va pas ainsi rendre service à M. Bourville sans que M. Janoud sache que c'est lui qui aura en fait remporté ce succès. De son côté, M. Fargeau confirme que M. Bourville ne fera pas état du collaborateur qui aura fait aboutir le dossier.

Aujourd'hui, M. Ruelle a diminué les activités de sa première attribution, s'est engagé dans la deuxième activité et se demande s'il doit accepter le dossier de récupération du Brésil. Il s'interroge sur l'efficacité d'une intervention auprès des relations de M. Fargeau pour qu'il change de comportement à son égard, qu'il clarifie sa définition de poste et ses limites de responsabilité pour éviter des conflits, qui vont crescendo – avec la direction des relations avec les entreprises et avec les autres zones géographiques.

Que conseilleriez-vous à M. Ruelle de faire pour mettre à plat sa stratégie interne ?

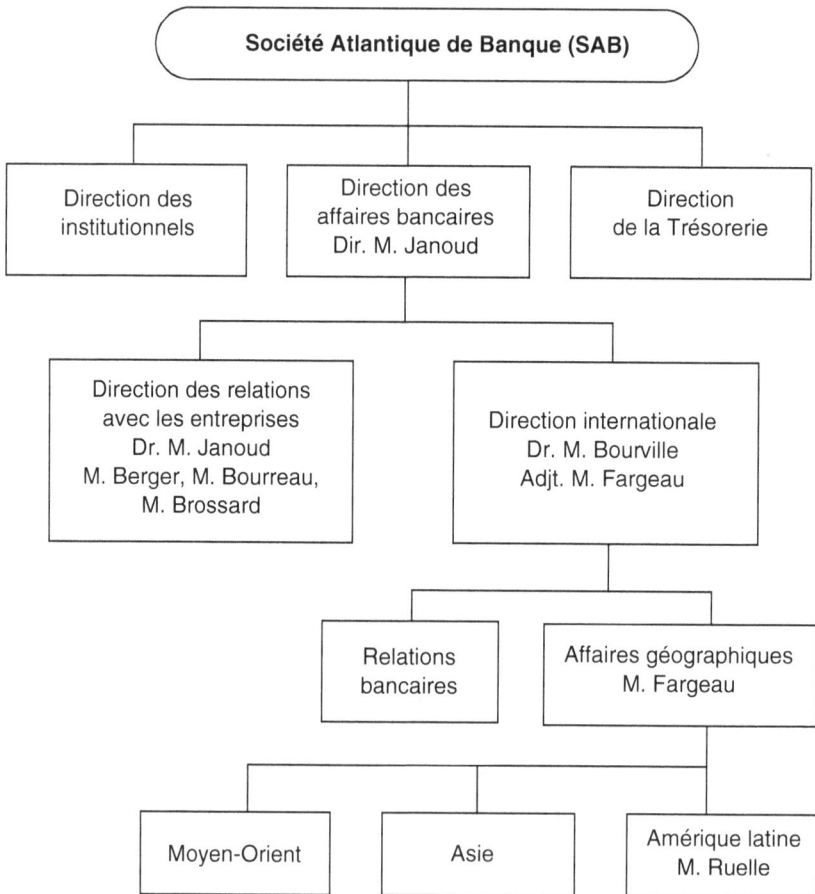

12

Le jeu
des questions

Comme nous l'avons déjà souligné, étant donné que vous n'êtes pas un professeur donnant un cours, mais un formateur dont la formation s'appuie sur et prend en compte les stagiaires, vous allez nécessairement donner la parole aux participants à la réunion de formation. À cet effet, vous allez poser des questions, qui répondent à plusieurs nécessités :

* suciter la participation active des stagiaires ;

* favoriser et stimuler la pensée du groupe ;

* permettre d'explorer une réticence du groupe ou de quelques participants ;

* être un vecteur habile du formateur pour injecter des suggestions ;

* permettre au formateur de guider les participants dans la construction du message de formation, sans donner l'impression d'imposer un point de vue (comme le faisait si bien Socrate, si l'on en croit les récits de Platon) ;

❖ enfin être un moyen pour le formateur de conserver le contrôle du groupe tout au long des séances.

Les différents types de questions

On appelle **question directe** une interrogation émise par le formateur et **question indirecte** celle exprimée par l'un des participants.

Une question est dite **générale** si elle est posée à l'ensemble du groupe. Adressée à l'un des participants, la question est appelée **particulière**. Cette dernière ainsi que la question générale peuvent provenir non seulement du formateur, ce qui sera le cas le plus fréquent, mais aussi d'un des participants.

Classiquement, nous connaissons la **question ouverte**, formulée de façon à obtenir une réponse ou un commentaire fourni (par exemple : « *Que pensez-vous de...* », « *Quel est votre avis sur...* », « *Comment envisagez-vous de...* »), et la **question fermée**, précise et appelant une réponse sous la forme d'un nom, d'une date, d'un nombre, et plus généralement d'un fait précis (par exemple : « *À quelle date êtes-vous entré dans l'entreprise ?* », « *Combien de visites effectuez-vous chaque semaine ?* »).

Intéressantes sont les questions qui permettent au formateur de manœuvrer. On en distingue trois types.

La **question retardée**, dite aussi **écran**, permet de différer une réponse que l'on souhaite donner plus tard, parce que certains préalables n'ont pas encore été évoqués (« *Si vous voulez bien, nous en parlerons tout à l'heure* », « *Cette question sera traitée cet après-midi, au cours de la séance consacrée à...* »).

Avec la **question retournée**, encore appelée **boomerang**, on prie l'émetteur (parfois narquois) de la question d'y apporter lui-même la réponse (« *Si vous me posez cette question, c'est que vous avez une réponse à proposer. Peut-on la connaître ? »*).

Enfin, la **question relayée** désigne le procédé par lequel le formateur transmet une question posée par un des participants à l'ensemble de l'assistance (question ouverte relayée générale) ou à un des participants, considéré comme ayant une expertise sur le sujet (question ouverte relayée particulière).

Nous vous recommandons de ne pas abuser des questions retournées et relayées.

Pour animer les séances, le formateur dispose d'une grande variété de questions.

Gestuelle d'accompagnement des questions

Naturellement, vous allez accompagner les questions par des gestes simples qui feront aisément comprendre à l'assistance qui est invité à répondre.

Évitez de surprendre. Avant de poser une question, cherchez à prendre contact du regard, avec le sourire, avec celui ou ceux à qui vous la destinez.

Si la question est particulière, un geste de l'avant-bras et de la main (mais pas de doigt menaçant, comme nous l'avons déjà écrit), pendant que votre regard cherche ses yeux, complètera la désignation verbale de celui que vous voulez entendre. Si la personne que vous désignez se dérobe, par exemple en fuyant votre regard, changez de destinataire ou transformez la question particulière en question générale.

Si la question est générale, votre avant-bras fera un mouvement de gauche à droite ou de droite à gauche, la paume de votre main sera orientée vers le dessus et visible de tous les participants, pendant que votre regard circulaire parcourra l'ensemble de l'assistance pour indiquer que vous recherchez celui qui répondra. En même temps, observez l'assistance de façon à détecter celui qui, par une mimique ou un mouvement corporel, indique qu'il s'apprête à répondre.

Quand vous posez une question, n'ayez pas peur du silence. Vous-même, ne dites rien, ne commentez pas votre question : votre propre silence fait pression sur les stagiaires pour inciter l'un d'eux à répondre. Si la réponse tarde à venir, ne répondez pas à leur place, mais reprenez votre question en changeant seulement quelques mots.

Un répertoire de questions

Par les questions qu'il pose, le formateur conduit l'expression du groupe de stagiaires. Nous vous proposons ci-après quelques exemples de questions pour illustrer différents épisodes de cette conduite.

Ces quelques interrogations ne constituent que des exemples, non exhaustifs, parmi les possibilités infinies que vous offrent les questions pour faire parler et animer les stagiaires au cours de la formation.

© Groupe Eyrolles

Le formateur guide, motive et catalyse le groupe

À cet effet :

- Il oriente et suggère :

  – *Est-ce la meilleure solution ?*

  – *Avez-vous pensé à telle possibilité ?*

  – *Et si nous agissions de telle façon ?*

  – *Est-il possible d'envisager… ?*

- Il sollicite les apports des stagiaires :

  – *Comment définiriez-vous… ?*

  – *Pouvez-vous citer tous les… ?*

  – *Que peut-on retenir ?*

  – *Quelle personne, quel lieu, quel moment, quelle méthode prenons-nous en considération ?*

- Il recentre, quand le groupe se disperse :

  – *Sommes-nous toujours dans le sujet ?*

  – *Cette idée est-elle reliée à l'objectif ?*

  – *Ne s'éloigne-t-on pas un peu ?*

- Il interprète :

  – *Vous voulez dire par là que…*

  – *Si je résume votre pensée…*

  – *En somme, vous vous demandez si…*

- Il fait préciser :

  – *Peut-on expliquer cette situation ?*

  – *Qu'est-ce qui fonctionne bien ?*

– *Quelles améliorations recommandez-vous ?*

– *Que faudrait-il changer ?*

– *Qu'est-ce qui fait défaut ?*

- Diplomate, il concilie :

    – *Peut-on rapprocher ces deux idées ?*

    – *N'avons-nous pas tous raison ?*

- Il stimule :

    – *Est-ce important ?*

    – *Est-ce nécessaire ?*

    – *Est-ce suffisant ?*

    – *Que faire dans ce cas ? Pourquoi ?*

    – *Cette opinion est-elle la plus juste ?*

- Il relance l'intérêt :

    – *Notre objectif est-il atteint ? Est-ce suffisant ?*

    – *Que suggérez-vous ?*

    – *Avons-nous épuisé le sujet ?*

- Il aide à conclure :

    – *Peut-on retenir cette idée ?*

    – *Peut-on s'attarder sur cet aspect ?*

    – *Laquelle des deux préférez-vous ?*

    – *Sommes-nous tous d'accord sur ce point ?*

13

Un art des plus difficiles : l'écoute

« Je sais que vous pensez avoir compris ce que j'ai dit ;
mais je ne suis pas sûr que vous vous rendiez compte que
ce que vous avez entendu n'est pas ce que je voulais dire. »

Écouter une personne représente certainement l'une des plus grandes marques de considération que l'on puisse lui accorder. Et cela aussi bien de la part d'un supérieur hiérarchique à l'égard de son subordonné qu'inversement. Se mettre à l'écoute de quelqu'un, c'est reconnaître son importance, son existence en tant qu'individu. Cela revient, dans une conversation, à lui donner la prééminence, afin qu'il en retire une grande satisfaction. Nous ne préconisons donc pas à tout propos l'affirmation unilatérale d'une vérité, la nôtre, mais au contraire l'instauration d'un échange. Dialoguer ne vous engage aucunement à accepter le point de vue de l'autre. Nous verrons aussi que l'adoption de ce dispositif d'écoute présente de grands avantages dans votre relation à autrui. On peut considérer que l'écoute est une bonne pratique.

Difficultés de l'écoute

Cependant, l'écoute ne constitue pas une disposition aussi simple qu'il pourrait paraître à première vue. Sans entrer dans le schéma classique de la communication, entre l'émission d'une information et sa réception s'intercalent ce que les techniciens appellent des **bruits**, c'est-à-dire des distorsions de ladite information. Ces bruits ont plusieurs origines, qu'il est utile de rappeler.

Passons sur les phénomènes purement acoustiques : réverbération du son dans le local où a lieu la conversation, bruits de l'environnement, brouhaha de l'entourage. Ces bruits peuvent facilement être évités.

Les obstacles à une bonne compréhension entre deux ou plusieurs personnes trouvent en réalité leur origine dans la rencontre entre individualités nécessairement dissemblables : chaque être est unique et se perçoit comme différent de tout autre. Ce sentiment de différence a pour conséquence l'interprétation que l'on donne aux propos de l'interlocuteur. Or, cette interprétation est effectuée par chacune des parties à l'entretien.

**Écouter une personne est l'une
des plus grandes marques de considération
que l'on puisse lui accorder.**

Souvent, nous interprétons le contenu du discours de l'autre en fonction de son aspect : appartenance ethnique, sexe, allure, maintien, vêtements, visage et son expression, coiffure, etc.

Nous sommes aussi sensibles à l'expression de notre vis-à-vis : choix des mots, richesse ou pauvreté du vocabulaire, construction des phrases, vitesse du débit, rythme, ton, timbre de la voix, force vocale, articulation, silences, etc.

L'écoute de nos interlocuteurs est plus ou moins altérée en fonction de notre intérêt et de notre connaissance du domaine traité. En particulier, une connaissance insuffisante peut entraîner une inattention à certains « détails » (du moins désignés ainsi par nous), pourtant essentiels pour la bonne compréhension de ce qui est dit.

On n'oubliera pas non plus notre référentiel de sensibilité qui dose nos réactions émotionnelles en fonction de ce que déclare notre vis-à-vis.

Interrompre un interlocuteur représente à la fois une preuve d'écoute manifeste, un signe de vivacité d'esprit, et en même temps une incorrection dans la mesure où l'on impose à l'autre son rythme personnel, ce qui ne correspond pas nécessairement à ses capacités ou à son mode de fonctionnement intellectuel.

Nous avons aussi signalé que, quand on coupe la parole, notamment pour poursuivre à haute voix le propos de celui qui vous parle, on risque fort d'obliquer, voire d'inverser le sens de ce qui vous est dit. Ceci met l'autre dans l'obligation de rectifier, en montrant parfois son agacement.

Une autre difficulté de l'écoute tient paradoxalement à la multitude d'informations mémorisées dans le « disque dur » qu'est notre cerveau. Tout ce que nous avons appris dans notre existence, soit par acquisition intellectuelle, soit par l'expérience, tout ce qui constitue notre culture propre est enregistré dans notre cerveau selon une certaine organisation.

Le phénomène des inférences

Cette organisation de notre intellect nous conduit, face à un événement, même de peu d'importance, à le « lire » en amalgamant aux faits épars qui nous sont présentés d'autres éléments issus d'expériences antérieures apparemment analogues. Dès lors, nous « inventons » un récit composé de l'assemblage de faits objectifs et présents et d'idées issues de notre mémoire, qui déforment la réalité.

En d'autres termes, face à une observation, nous additionnons celles qui nous manquent et nous construisons une histoire où les déductions complètent – en apparence logiquement – ce qui manque aux faits strictement observés.

Ces additions, issues des déductions opérées, sont appelées **inférences**.

Les obstacles à une bonne écoute sont nombreux.

Pourtant, Descartes, dans l'un de ses célèbres préceptes, nous avait déjà mis en garde en nous enjoignant de « *ne recevoir jamais aucune chose pour vraie que nous ne la connaissions évidemment être telle, c'est-à-dire éviter soigneusement la précipitation et la prévention, et ne comprendre rien en plus de nos jugements que ce qui se présenterait si clairement et si distinctement à notre esprit que nous n'eussions aucune occasion de le mettre en doute*(Discours de la Méthode, deuxième partie, premier précepte) ».

Procès d'intention, préjugés, suspicion

Ce phénomène d'inférence prend une ampleur bien plus considérable si l'on observe que notre faculté de déduction et de projection d'idées extérieures à la réalité s'étend – ce qui est plus grave – à notre tendance à juger les autres en fonction de notre propre système de valeurs, c'est-à-dire à affecter à nos observations une cotation issue de notre morale propre.

Notre système de valeurs nous entraîne à juger ou à évaluer les propos de celui avec lequel nous dialoguons, à les situer dans **notre** univers mental, à les trier, à en accepter certains et à en rejeter d'autres.

Juger autrui signifie ne pas respecter son droit à être différent de nous. C'est donc prendre le risque de rompre la difficile communication entre deux individus. De plus, il faut bien dire que l'esprit de jugement n'a pas sa place dans la conduite d'une activité professionnelle.

Cet inventaire rapide des obstacles à l'écoute, susceptibles d'altérer la compréhension de l'autre, pourrait faire penser que, quand on trouve un accord à l'issue d'une formation, un certain nombre de malentendus demeurent probablement masqués.

Comment améliorer son écoute

La question importante qui se pose ici consiste à savoir si l'on peut effectivement maîtriser ou limiter ces multiples transformations du message et diminuer fortement les distorsions qu'il subit.

Dans un premier temps, nous ne pouvons saisir les données internes de compréhension propres à notre interlocuteur : son caractère, son système mental d'échelle de valeurs, de références sont mal connus, voire inconnus de nous quand il s'agit d'un stagiaire dont nous découvrons l'existence à l'occasion d'une formation.

Déjà, à ce stade, il est important de se montrer attentif, curieux, intéressé, mais aussi de chercher à comprendre. Il n'est pas indigne pour un formateur d'avouer : « *Je ne comprends pas. Pouvez-vous répéter ?* »

Cependant, au fur et à mesure de la poursuite de l'échange, au besoin pendant les périodes intercalaires de la formation (pauses, repas), à travers les propos de notre interlocuteur, nous allons pouvoir commencer à « lire » un tempérament, une psychologie, une expérience, une vie et déjà mieux le comprendre.

Nous disposons d'un certain nombre de moyens de communication pour organiser et stimuler la prise de parole de l'autre et alimenter notre écoute : nous évoquons ici rapidement et principalement les questions ouvertes, les questions fermées et les reformulations. Mais ce sont moins les techniques d'interview (simples moyens) qui importent, que notre **attitude** pour favoriser la communication. Or, cette attitude est inconsciemment, mais parfois aussi consciemment, ressentie par celui (ou celle) auquel on s'adresse.

Les attitudes sociales de la communication

Communiquer, c'est être en société. Être dans un corps social met chaque individu dans l'obligation, plus ou moins spontanément acceptée, de reconnaître la présence d'autres personnes que lui-même avec lesquelles il va devoir composer.

Dans ce qui précède, nous constatons qu'une telle attitude est la marque d'une communication subie. Toute autre est l'attitude qui favorise les rapports sociaux.

Cette attitude favorable se compose d'ouverture à autrui, d'intérêt sincère pour l'autre, d'empathie, de considération, d'estime, chaque facteur marquant une progression par rapport à celui qui précède.

Mais l'autre vous attend aussi d'une certaine manière. Il vous veut présent, sincère, assuré, de bon sens, d'humeur sociable.

Chacun peut aisément constater qu'un introverti rencontre quelques difficultés à aller vers les autres, à s'ouvrir à eux. Un des premiers conseils personnels que l'on pourra donner dans ce cas consistera à inviter cet introverti à régler d'abord les problèmes propres qui l'inhibent avant de se tourner vers autrui.

Nous considérerons cette attitude d'ouverture comme la première disposition à avoir ou à acquérir pour prendre contact avec les stagiaires, leur adresser la parole et les entraîner vers un but, c'est-à-dire les persuader de s'engager dans leur propre perfectionnement.

Le comportement d'enquêteur

Concrètement, cette attitude d'ouverture se traduit par le **comportement d'enquêteur**, c'est-à-dire par une manière de faire où l'on ne se met pas en avant, mais au contraire où l'on s'efface pour laisser son interlocuteur se révéler sans contrainte. Une telle attitude d'ouverture s'oppose à celle de jugement que nous venons d'évoquer.

L'intérêt sincère pour l'autre

On peut aimer côtoyer les autres sans pour autant s'y intéresser. Aussi, l'attitude d'**intérêt sincère pour l'autre** marque-t-elle un degré supplémentaire dans l'approche de l'interlocuteur.

Les indices de comportements significatifs de cette attitude sont nombreux. Quand vous vous intéressez à quelqu'un, votre regard est mobilisé par votre interlocuteur, votre attention est soutenue. Mais comme ce stagiaire ne mérite pas forcément cet intérêt, il va falloir vous mobiliser, vous forcer, maîtriser parfois votre agacement.

Et si le stagiaire est d'une insuffisance notoire, nous vous conseillons d'agir comme le duc de Morny, homme politique français du XIXᵉ siècle, qui disait : « *Un homme poli est celui qui peut, avec intérêt, écouter parler d'un sujet qu'il connaît bien par quelqu'un qui en ignore tout.* » La grande erreur serait de remettre à sa place ce stagiaire, car il serait humilié par vous devant les autres participants à la formation. Un des premiers effets de cette rebuffade serait de tuer le climat d'échange que vous auriez institué. Vous risqueriez en outre de créer une solidarité du groupe contre vous.

L'empathie

L'intérêt porté à l'interlocuteur sera élevé à un degré supérieur si l'on adopte l'attitude que l'on nomme **empathie**. Cette attitude désigne la faculté[1] – qui s'acquiert – de s'identifier à quelqu'un, d'éprouver ce qu'il ressent, de percevoir ses idées et ses attitudes en se plaçant de son point de vue, en somme d'assimiler son cadre de référence.

Cette attitude d'empathie implique que vous soyez réceptif non seulement aux paroles, comme dans les attitudes précédentes, mais aussi à toute la personnalité de votre interlocuteur.

L'empathie implique le respect absolu de ce qu'est l'autre et la reconnaissance, sans esprit d'évaluation et de jugement, de sa différence. Voilà ce que l'on appelle un peu doctement le « respect de son altérité ».

Cette attitude est loin d'être neutre dans ses conséquences : elle conduit à l'acceptation du pluralisme des idées, des sentiments, des manières d'être.

La démarche empathique contient comme une osmose entre le point de vue de celui avec lequel on dialogue et son propre point de vue, de façon à favoriser l'acceptation de son idée par celui à qui on la propose.

La considération pour autrui

Sans revenir sur les avantages importants de l'empathie pour favoriser la communication entre les individus, il

---

1. D'après Carl Ransom Rogers, psychologue humaniste américain, auteur de *Développement de la personne*, Intereditions, 2005.

nous semble qu'elle peut s'accompagner d'une reconnaissance mutuelle de chacun quant à son propre système de
valeurs morales, intellectuelles, sensibles.

Nous appelons ce quatrième degré, dans l'échelle des
attitudes sociales favorisant la communication, la **considération pour autrui**.

Il ne suffit pas de reconnaître l'autre pour que le dialogue
s'engage sur des bases favorables. Encore faut-il que vous
existiez aux yeux de l'autre. Votre interlocuteur ne
s'ouvrira pas lui-même face à un être inconsistant. Nous
avons en effet déjà remarqué que le métier de formateur
faisait appel aux ressources de votre personnalité.

La pratique de l'écoute

Écouter un interlocuteur consiste à entrer dans le schéma
mental de l'autre, c'est-à-dire à comprendre son point de
vue, l'accepter et intégrer mentalement ce qu'il vous dit.

Mais en réalité, écouter ne suffit pas. L'écoute, même
celle de « connaisseur », c'est-à-dire opérée par quelqu'un
qui connaît bien techniquement la question traitée, est
vaine si elle ne s'accompagne pas de la **compréhension**
(étymologiquement : prendre avec soi) du point de vue de
l'autre.

Mais comprendre l'autre reste insuffisant. Il est possible
d'y parvenir tout en restant sur son quant à soi. Il faut
cependant aller plus loin et **accepter** et **intégrer** ce que dit
et pense l'autre.

En d'autres termes, vous devez parvenir à **modifier** votre
propre schéma de pensée, ce qui demande une grande
ouverture d'esprit ainsi qu'une grande disponibilité. Ceci

vous impose de vous débarrasser des idées toutes faites pour leur substituer l'information fournie par le stagiaire et d'y conformer vos décisions et votre action.

La difficulté de l'écoute tient à cette espèce de blocage mental qui ne se prête pas, filtre ou déforme l'admission d'un autre point de vue avec toutes les conséquences qui en résultent : propos inadaptés, proposition décalée par rapport à l'attente ou au besoin de l'interlocuteur, argumentation impersonnelle, etc..

L'écoute active

Qu'entend-on par **écoute active** ? Elle désigne l'amalgame d'un ensemble de dispositions pratiques destinées à obtenir la meilleure productivité d'un séminaire.

L'écoute active se traduit, en pratique, par :

- ce que vous notez sur le tableau de conférence (signe évident de l'importance des propos tenus par le stagiaire) ;
- le regard attentif, observant les expressions de celui qui s'exprime ;
- les approbations, les réserves, les commentaires, soit autant de signes de la vitalité de l'échange et de signaux d'intérêt portés aux propos de l'interlocuteur.

En effet, un formateur n'est pas un greffier enregistrant sans état d'âme tout ce qu'on lui dit de noter. Tout ceci demande une forte mobilisation de l'attention. Écouter intensément quelqu'un n'a rien d'une sinécure, si l'on veut capter, pour les exploiter ensuite, la multiplicité des informations – verbales et non verbales – émises par ce stagiaire.

Recherchez systématiquement ce qui est positif et soyez analytique. Voici un modèle simple et pratique pour classer les propos de votre interlocuteur :

- qu'est-ce qui est original ?
- qu'est-ce qui est nouveau ?
- qu'est-ce qui est en accord avec le message de formation que vous êtes chargé de transmettre?
- qu'est-ce qui en diffère ?
- dans ce qui diffère, qu'est-ce qui pourrait faire l'objet d'un accord, si une partie du point de vue était modifiée ?

Même si en apparence votre interlocuteur semble avoir un point de vue différent du vôtre, cherchez les éléments d'accord : il y en a toujours plus qu'on ne le croit. Et en cas d'opposition marquée, cherchez à transformer le « non » en « peut-être » et le « peut-être » en « oui », au besoin en vous appuyant sur l'ensemble des stagiaires, car, comme nous le soulignerons dans le chapitre 15 (p. 134), la plupart sont vos alliés naturels.

Surtout restez à l'écoute, même si vous pensez avoir tout compris ! Écouter un interlocuteur suppose une grande mobilisation de votre attention. Et, nous l'avons souligné, cette attention soutenue est fatigante. Mais c'est là une source d'informations irremplaçable.

Demandez des éclaircissements et vérifiez que vous avez bien compris. Reprenez ses propos pour confirmer que vous avez bien compris ce qu'il voulait dire. Vous n'avez jamais intérêt à laisser un aspect dans l'ombre, même si vous croyez qu'il s'agit d'une réserve ou d'une objection.

Par ailleurs, quand vous faites parler un stagiaire, imposez-vous de rester silencieux. Laissez-le s'exprimer.

14

Les moyens d'animation : contraintes et limites

Il n'est pas paradoxal de rappeler que le formateur lui-même est le premier et le principal moyen de la formation. Nous y avons déjà consacré deux chapitres. Ici, nous allons traiter des dispositifs matériels dont vous devez vous préoccuper, comme la salle et ses équipements ainsi que des modes d'emploi par le formateur des quelques moyens classiques que sont le **tableau de conférence**, **l'ordinateur** et son **projecteur**, le **rétroprojecteur**, le **caméscope** et son **moniteur**.

La salle

Évitez les salles aveugles, qui ne reçoivent pas la lumière du jour. S'il vous arrive de faire l'expérience de tels lieux, vous constaterez que vous serez plus fatigué en y ayant travaillé pendant six à sept heures qu'en ayant animé une formation pendant huit heures dans une salle éclairée par la lumière du jour, qu'elle vous parvienne de façon zénithale ou latérale.

Si la possibilité vous en est offerte, mieux vaut disposer d'une grande salle pour les séances plénières et d'une ou de deux petites salles voisines dédiées aux travaux en sous-groupes ou à des exercices d'entraînement démultipliés.

Disposition des tables

Les tables disposées en « salle de classe » véhiculent l'idée du « maître » diffusant à sens unique sa vérité à des élèves soumis. C'est là exactement le contraire de la relation du formateur et des stagiaires.

Aussi, adopterez-vous plutôt le dispositif des tables placées en U ou en V. Cela vous permet de voir et d'être vu de la totalité des participants, vous tenant vous-même dans la partie évasée du U ou du V. La symbolique de l'échange est ainsi bien posée.

Les sièges ne seront ni trop durs (car les stagiaires seraient vite incommodés), ni trop moelleux (car ils inviteraient les participants à s'assoupir). Bannissez donc les fauteuils pour cette dernière raison.

Porte-noms

Sur les tables, à la place de chacun, prévoyez des porte-noms (par exemple des bristols sur lesquels chaque participant inscrira son nom), spécialement si vous avez affaire à des stagiaires que vous ne connaissez pas. Ces porte-noms vous permettent de vous adresser nominativement à chacun.

Bloc-notes

La présence d'un bloc-notes ou de feuilles de papier blanc incite à prendre des notes : apports du formateur, réflexions personnelles (aussi bien favorables que défavorables), questions à poser, mesures à mettre en place, etc. Ceci étant, selon nos observations, ceux qui pratiquent intensément la prise de notes sont minoritaires. Cependant, nous remarquons aussi que si le formateur écrit beaucoup sur le tableau de conférence, la prise de notes des participants augmente d'autant.

Le tableau de conférence

Le tableau de conférence à feuilles (TCF) – appellation que nous préférons à *flip chart* ou à *paper board* – constitue certainement l'instrument le plus souple à votre disposition, car il accompagne votre rythme, les modifications que vous pouvez être amené à apporter en fonction de certaines réactions des participants, l'exposé des messages sur lesquels vous voulez insister, en tenant toujours compte des besoins des participants.

Les tableaux blancs, verts ou noirs, qu'on efface après les avoir remplis, ne permettent pas, comme le tableau de conférence à feuilles, de reprendre les constructions effectuées avec les stagiaires et inscrites page après page pour rédiger ultérieurement un résumé ou un aide-mémoire.

Le tableau de conférence représente un bon instrument d'animation. En effet, dès que vous notez les propos tenus par un stagiaire (en style télégraphique, mais surtout pas en style phonétique comme pour les sms), vous lui dites implicitement que vous reconnaissez leur importance. En les inscrivant, vous les officialisez, ce qui est flatteur pour celui qui a parlé. Dès lors, les autres stagiaires vont souhaiter un traitement semblable de leurs réflexions, de leurs remarques, de leurs suggestions. Vous créez ainsi une sorte d'émulation, car plus ou moins consciemment, chacun souhaitera aussi être « publié ».

Pour être vu et lu par tous les stagiaires, écrivez en grosses lettres. Jouez avec les couleurs, la mise en page, les encadrés, les mots écrits en capitales, les soulignements, les schémas et les croquis.

Utilisez des crayons gras (du type Caran d'Ache) que vous placerez dans un porte-crayon (même fournisseur), disponibles dans les magasins de fournitures graphiques. Ce matériel est préférable aux feutres qui sèchent ou qui crissent quand on les utilise et dont l'encre transperce les feuilles du tableau de conférence.

Ordinateur et projecteur, rétroprojecteur

L'audiovisuel représente un élément de spectacle et peut contribuer à ancrer des idées dans les esprits de l'assistance.

Cependant, si l'on considère la formation comme une démarche visant au final à transformer le stagiaire en acteur de sa propre formation, il n'est pas certain que le corps étranger que constitue l'audiovisuel contribue à l'atteinte de cet objectif.

En d'autres termes, l'audiovisuel sera un compagnon employé momentanément, pour renforcer la démarche du formateur, mais il ne saurait se substituer à lui.

Évitez aux stagiaires une exposition prolongée à une diffusion audiovisuelle.

L'audiovisuel, et c'est aussi valable quand on utilise seulement un rétroprojecteur, a pour effet de détacher les stagiaires d'une participation active en les transformant en simples spectateurs.

Aussi, nous vous recommandons, quand vous diffusez une séquence audiovisuelle, de le faire aussi brièvement que possible. Pour vous donner un ordre de grandeur, ne dépassez jamais cinq à sept minutes d'exposition à l'écran – les films pour la formation d'une durée de 15 à 20 minutes et parfois davantage nous laissent perplexes.

Faut-il préciser que vous aurez soigneusement vérifié le fonctionnement des appareils et des programmes avant le début de la formation ? Attention, « *le détail oublié se venge toujours* »... Précisément parce que vous n'aurez pas vérifié un petit détail, vous risquez la panne de tous les appareils au moment où vous en aurez besoin.

Maîtrisez les moyens audiovisuels

Si vous utilisez un programme audiovisuel dont la conception et la réalisation ont été confiées à des tiers extérieurs et qui est diffusé à partir d'un ordinateur – afin que vous ne soyez pas au service du programme, mais qu'au contraire, le programme soit à votre service (car après tout, le formateur c'est vous) – demandez au réalisateur de faire en sorte que vous puissiez :

• arrêter à tout moment le défilement du programme ;

• organiser la projection des séquences en fonction de vos choix et de vos publics (ce qui est facile avec l'informatique).

Lors de l'utilisation du programme audiovisuel en formation, et pour ne pas donner l'impression d'être dépendant de l'audiovisuel :

• vous devez très bien connaître le contenu du programme ;

• au moment de la projection, vous en annoncerez le plan et les idées force ;

• après la projection, vous ferez une synthèse.

En effet, pour qu'un exposé soit clairement perçu et mémorisé par les auditeurs, vous utilisez la figure rhétorique de la **répétition** en procédant en trois temps.

1. Annoncez aux stagiaires ce qu'ils vont entendre.

2. Développez le sujet avec l'audiovisuel.

3. Résumez les points à retenir.

Napoléon Bonaparte le soulignait déjà : « *La répétition est la seule figure efficace de rhétorique.* »

Caméscope et moniteur

Ce dispositif vous permet, lors d'exercices, d'enregistrer les capacités et les insuffisances des stagiaires afin de leur permettre de prendre conscience des progrès à accomplir (nous avons évoqué la « mise en déséquilibre » dans le chapitre 9, p. 74).

En même temps, la vidéo souligne les améliorations obtenues, si l'on prend le soin de conserver les exercices successifs de chaque stagiaire. Ceci constitue en effet un élément fort d'encouragement pour le bénéficiaire.

Ici aussi, veillez à bien vérifier le bon fonctionnement du caméscope et du moniteur (en général, un simple téléviseur avec un grand écran).

15

Comprendre
les stagiaires

Comme dans toute assemblée humaine, les profils des personnes qui participent à votre séminaire et avec lesquels vous aurez à compter sont variés : hommes et femmes, jeunes et vieux, de caractères et comportements différents, introvertis et extravertis, etc.

Observer les stagiaires

L'exercice du métier de formateur fait appel simultanément à l'observation attentive de l'ensemble de l'assistance et de chacun des stagiaires présents, en même temps que vous animez la formation. En somme, vous êtes à la fois le conducteur et l'observateur des effets de votre conduite. Dans le présent chapitre, ainsi que dans le chapitre 16 consacré à la dynamique de groupe, vous trouverez quelques points de repère pour accompagner vos observations.

D'emblée, les extravertis prendront rapidement et facilement la parole. Ils pourront même donner leur avis et faire des suggestions sur l'organisation du séminaire, sur l'orientation à prendre pour traiter tel ou tel sujet. Enfin, ils manifesteront leur ressenti.

Les introvertis, quant à eux, se comporteront en observateurs, en auditeurs et s'ils prennent la parole, ce sera après que les premiers leur auront cédé la place et donné le temps pour le faire. Ils seront plus à l'aise en sous-groupes.

En ce qui concerne la préhension des concepts développés pendant le séminaire, selon que vous aurez affaire à des cérébraux ou à des actifs, les premiers rechercheront une vue synthétique d'ensemble, pendant que les seconds s'approprieront les contenus à travers des exercices pratiques.

Cette assistance que l'on vous a confiée pour la perfectionner est composée d'individus dont le parcours professionnel, l'intérêt pour le thème du séminaire, les attentes, les craintes, les frustrations, les ambitions professionnelles ou extraprofessionnelles et les modes de vie sont autant d'inconnues pour vous, du moins au début du séminaire de formation (sauf si vous connaissez déjà ceux avec lesquels vous allez travailler).

Si l'on additionnait les expériences, les savoirs et les savoir-faire de tous les participants à la formation, peut-être s'apercevrait-on que l'ensemble connaît déjà une bonne partie de ce que veut apporter le formateur. Nous ne sommes pas ici dans le cadre de l'enseignement scolaire où les élèves attendent tout du maître. Bien sûr, il revient au formateur de faire quelques apports techniques, mais sa mission principale consiste à mettre en ordre ce que savent déjà les participants.

Dans ce même ordre d'idées, limitez au maximum les discours inutiles. Certes, vous vous faites plaisir en les tenant, mais ce n'est pas là ce qu'attendent les stagiaires.

Cependant, au cours de cette formation, les réactions des uns et des autres vous apporteront des informations, au moins partielles, sur la mentalité et l'état d'esprit de certains stagiaires.

Observez les comportements et les conduites (issues des attitudes) telles que l'agressivité, la séduction, l'esprit de jugement, les refus, les évitements ou les fuites, le rapport au pouvoir, le désir de destruction ou de domination de certains.

Efforcez-vous de repérer les affinités, les antipathies, voire les rivalités qui existent entre les stagiaires.

Il vous faut donc obliger ceux qui posent des questions à s'impliquer. Que la personne exprime ce qui est vrai aujourd'hui pour elle, même si c'est différent pour les autres. Vous pouvez même aller jusqu'à leur faire exprimer leurs peurs.

Passer de l'insatisfaction à la problématique

Les insatisfactions des collaborateurs vis-à-vis de l'entreprise ne sont jamais collectées. La liberté de parole est peu présente dans l'entreprise. Dans le cadre du séminaire, si le thème s'y prête, vous devez donner aux collaborateurs le droit de dire qu'ils ne sont pas heureux. Comme l'information n'est pas collectée, elle n'est pas traitée. Organiser cette expression collectivement, en séminaire, permet à chacun de se situer par rapport à l'ensemble. Évidemment, ces déclarations n'ont pas à être rapportées aux instances dirigeantes par qui que ce soit.

Il faut ensuite hiérarchiser ces insatisfactions, puis les transformer en problèmes à résoudre (« *comment faire pour que… »)*. Les solutions seront produites par l'ensemble des participants (et non par le formateur). Ce que l'on ne peut transformer en **problème** n'est pas une question que l'entreprise pourra prendre en charge.

Plusieurs portraits types vont se détacher de l'assistance à votre séminaire, sur laquelle vous portez un regard panoramique. Nous évoquerons ici le contestataire, le courtisan, le dessinateur, le timide, le clown et enfin vos alliés.

Le contestataire

Celui qui conteste s'appuie sur son expérience. Il faut parvenir à le rallier à son camp en prenant en compte son expérience et les enseignements que l'on peut en tirer.

Cependant, certains contestataires importent au cœur du séminaire leur malaise, leur mal de vivre personnel ou professionnel. Pour désagréable que soit la manifestation d'un « cas » psychologique pour le formateur, n'oubliez pas que le contestataire pousse un cri. Il veut dire quelque chose de lui. Ne traitez pas la question en public, dans la mesure où vous ne cernez pas bien son origine, mais engagez une conversation en aparté pour tenter de le comprendre.

N'oubliez pas : le formateur peut contribuer à résoudre les névroses d'entreprise, mais pas les névroses individuelles.

**Tout « cas » pousse un cri :
il veut dire quelque chose de lui.**

Le courtisan

Même si vous exercez votre métier de formateur avec modestie – nous n'aimons pas le terme **humilité**, trop marqué par une sorte de complexe d'infériorité qui n'est pas de mise ici – il n'en reste pas moins que vous participez au prestige de tout enseignant de valeur. Et ce prestige attire les courtisans. Méfiez-vous cependant de ces flatteurs un peu serviles – dont les autres participants méprisent le comportement – parce qu'ils risquent de vous dévaloriser si vous faites mine de humer avec plaisir leurs flatteries. Un conseil : soyez ostensiblement indifférent à leurs encensements. Vous méritez mieux que cela.

Le dessinateur

Interrogé sur les dessins dont il illustre son bloc-notes, ce type de participant vous répond que cette manie lui permet de fixer son attention. Il n'empêche que cette pratique reflète un comportement un peu détaché et non une participation intense aux travaux du séminaire. Mais peut-être parlez-vous trop ? Ou encore laissez-vous trop de place aux tirades verbales des uns et des autres sans réel intérêt pour l'ensemble de l'assistance ?

Le timide

À l'égal de tous, il a droit à la parole. Peut-être a-t-il un témoignage, une expérience à faire valoir ? Encouragez-le à s'exprimer ouvertement, par exemple en le prévenant doucement au cours d'une pause que vous lui demanderez de prendre position sur une question qui sera évoquée lors de la séance suivante. Si parler en public le met vraiment très mal à l'aise, demandez-lui d'intervenir lors d'un travail en sous-groupe dont la dimension restreinte est moins impressionnante.

Le traitement des cas appartient à l'animateur.

Le clown

Nous aurions pu aussi bien le qualifier de « vedette ». Il fait partie de ces personnes que la présence de tout auditoire stimule et qui en profitent pour se mettre en évidence, parfois d'ailleurs en faisant rire. Calmez aimablement ce personnage en lui rappelant la règle du jeu instituée par le « contrat » que vous avez noué avec tous au début du séminaire.

Les alliés

Considérez que la plupart des participants, quand ce n'est pas la totalité, font alliance avec le formateur, dès lors que chacun a compris qu'il avait affaire à un bon professionnel – ce qui dépend de vous et de l'application de tous les conseils que contient ce livre – et que cette formation lui apportera une indéniable valeur ajoutée.

16

La dynamique
de groupe
et son intérêt
pour le formateur

S'il vous arrive d'animer un séminaire de formation inter-entreprises ou réunissant des stagiaires issus de services qui ne sont pas en relation habituellement, vous observez que les participants, en arrivant dans la salle, prendront place un peu au hasard et n'engageront pas ou peu la conversation avec leurs voisins, surtout si vous ne prenez pas le soin de vous présenter et d'obtenir la réciproque de chaque stagiaire. Au moment où débute le séminaire, vous avez affaire à des personnes tranquillement **juxtaposées**, sans plus.

Puis, au fur et à mesure de l'avancement de la réunion, plusieurs changements s'opéreront. Lors de la première pause, certains engageront la conversation avec d'autres sous différents prétextes (même origine régionale, mêmes études, mêmes activités, etc.). À table, au cours du déjeuner, vous observerez que certains stagiaires, qui se vouvoyaient en début de matinée, se tutoient à présent.

Et vous vous direz qu'il se passe quelque chose, que les relations entre les participants, en partie ou en totalité, sont en train de changer par une sorte de mystérieuse alchimie, qu'il commence à exister un climat de bonne entente entre eux.

Vous êtes tout simplement en train d'assister à la naissance de ce que l'on appelle un **groupe**.

La notion de groupe

Que signifie cette notion de « groupe » ? À quoi sert-elle ? Si elle a de l'intérêt, le formateur peut-il contribuer à sa constitution ?

Nous définissons le **groupe** comme un ensemble **structuré** de personnes liées entre elles par des interrelations existant entre ses membres, par la conscience qu'elles ont d'appartenir à cet ensemble et de partager un **but commun**.

La structuration du groupe se réalise, plus ou moins implicitement, autour de valeurs, de normes, de règles et d'une distribution de rôles (que l'on saisira mieux quand nous aborderons plus loin la notion de **leadership**).

 Un groupe de stagiaires, dans le cadre particulier d'une réunion de formation, fonctionne à deux niveaux :

❖ l'un rationnel, constitué en fonction du thème, de son contenu, du ou des objectifs définis et des tâches à accomplir ;

❖ l'autre, riche d'affectivité, dont les phénomènes sont plus difficiles à saisir, moins palpables, mais perceptibles au travers de ce que nous allons appeler un peu vaguement l'**ambiance**.

Les effets de la vie de groupe

Pour un individu, être intégré dans un groupe produit des comportements de mimétisme ou d'adhésion qui fortifient la vie du groupe. Nous dirons rapidement que celui-ci exerce une sorte de pression douce sur chacune des personnes qui le composent.

Les différents théoriciens qui ont révélé, défini et expliqué la dynamique de groupe [1] soulignent que toute personne au sein d'un groupe modifie progressivement ses attitudes, ses comportements et ses réflexions en fonction des représentations qu'elle se donne des attitudes et des comportements des autres. Nous pouvons donc écrire que le groupe favorise un certain conformisme de ses membres, répondant à deux types de besoins : celui de **reconnaissance** et celui de la recherche de **sécurité**.

Être reconnu signifie pour un individu être sous le regard de l'autre. Allons plus loin : chaque personne définit sa propre identité psychologique par un processus conscient et inconscient, à la fois en se conformant à des modèles et en s'opposant à d'autres, tout en cherchant à se reconnaître comme une personne singulière. L'autre est en partie constitutif et révélateur de soi et cela se produit aussi à l'intérieur d'un groupe.

La recherche de la sécurité se traduit par le besoin de disposer de repères, que précisément les autres membres du groupe vont fournir. En se mettant d'accord avec les

---

1. Les Américains Kurt Lewin et Herbert Hyman et le Français Jean Maisonneuve.

autres, quitte à participer à une erreur collective, on évite de se mettre en position déviante (source d'inconfort). La quête de l'accord, ou si l'on veut du conformisme, peut être entreprise selon trois modalités.

Cela peut être la **complaisance**, par laquelle l'individu a besoin de se sentir approuvé par les autres ou à tout le moins souhaite éviter les désaccords. Une personne répondant à cette modalité se place facilement dans le sillage d'un leader influent. Nous qualifierons ce comportement d'opportuniste. Signalons que cet opportunisme, lors d'un séminaire, peut donner au formateur l'impression d'une adhésion aux engagements pris pendant le temps de la formation, qui ne survivra cependant pas, une fois les membres du groupe dispersés.

La deuxième modalité peut être l'**identification**, cette personne souhaitant être admise et comprise par les membres du groupe avec lesquels elle se sent des affinités. Ici, le groupe sert de modèle.

Enfin, la troisième modalité, dite d'**intériorisation**, réside dans la découverte par l'individu de la concomitance des valeurs chez le leader et chez lui, l'adhésion à ces valeurs étant naturelle et spontanée. Cependant, cette identité des valeurs a un effet de renforcement (« *Nous avons des vues identiques, ce qui me conforte dans leur bien-fondé* »). Nous parlerons de conformité spontanée ou préexistante.

Un groupe exerce une pression conformiste sur ceux qui le composent.

Le leadership dans le groupe

Nous avons évoqué à plusieurs reprises la présence et le rôle exercé par un **leader**. Au sein d'une assistance, il s'agit d'une personne qui se met en évidence en raison de certaines qualités qui lui sont propres et qui, en raison de ces qualités, exerce un effet d'adhésion et d'entraînement des autres membres du groupe. Le leader est un personnage influent.

Il peut s'agir d'un **expert,** c'est-à-dire celui ou celle qui par son expérience, par sa spécialité professionnelle, par ses travaux ou par ses études obtient spontanément un certain respect des autres participants en raison de ses connaissances.

Ce leader peut occuper cette position en raison de ses talents d'**organisateur.** Il sait cadrer un débat, ordonner les étapes d'une discussion, dispose de méthodes de travail efficaces et réalise des synthèses claires.

Existe aussi le leader **relationnel,** personnage communicatif, à l'aise avec les autres, souvent chaleureux, particulièrement intéressant au début d'une formation pour créer un lien avec chaque participant et favoriser la cohésion de l'ensemble.

Parfois, celui qui se déterminera le premier pour un exercice, parce qu'il fait montre d'un peu plus d'audace ou de détermination que les autres, pourra prendre la position de leader d'**action.**

Et quand se manifestent des tensions dans le groupe (ou dans l'assistance), quand le débat tourne à l'affrontement de factions antagonistes, on appréciera le leader **modérateur,** qui saura apaiser l'effervescence et qui contribuera au retour d'une certaine sérénité.

En pratique, si le groupe est composé majoritairement de personnes qui adhèrent fortement – et, idéalement, spontanément – aux valeurs de travail, d'effort et d'application aux exercices d'entraînement à la suite du leader du groupe, vous serez satisfait de la qualité de votre séminaire. À vous de détecter celui qui servira de « locomotive » et de le faire rallier votre camp, car, par la norme qu'il posera, par la pression à la conformité qu'il opérera, il entraînera dynamiquement les membres du groupe qui, sans ce leader, se seraient un peu laissés aller.

Vous auriez tort de vous montrer obséquieux ou flatteur à l'égard du leader du groupe. Une fois que vous l'avez repéré, soyez simplement attentif à ses manifestations et à ses propos. Il n'a droit à aucun privilège de votre part. Tout au plus efforcez-vous d'avoir un échange amical au moment des pauses et des repas.

Le formateur est-il le leader du groupe ?

Vous observerez à juste titre que le leadership de l'organisation, de la relation, de la modération, si ce n'est celui de l'expertise devrait en bonne logique appartenir au formateur. Celui-ci est-il un leader ?

La réponse à cette question ne peut être que positive. Nous vous rappelons d'abord que tout formateur, par sa responsabilité de conduite des stagiaires à l'atteinte de leurs objectifs de perfectionnement, se positionne d'emblée comme le « patron » de la formation et donc comme le **leader institutionnel.**

Soyons clair : cette position de « patron », parce que responsable, ne l'autorise pas à exercer un pouvoir dominateur et autoritaire. S'il agissait ainsi, il bénéficierait, certes, d'une certaine soumission de la part des stagiaires au détriment de leur volonté propre de progrès. C'est l'effet qu'obtiennent les gourous et les chefs de sectes de la part de leurs adeptes. Bien que certaines sectes utilisent le vecteur de la formation pour parvenir à leurs fins, vous ne pouvez pas adhérer à une telle dérive. Nous rappelons à cet égard que, vous adressant à des professionnels adultes, ceux-ci attendent de vous la possibilité de s'exprimer, voire de contester, ainsi que le respect de leur libre-arbitre. Rappelons aussi que le véritable formateur reste le stagiaire lui-même, qui prendra librement la décision de mettre en application ou non le message que vous aurez construit avec les participants.

Une dernière remarque : être « patron », être pleinement responsable, ne signifie aucunement que vous vous tiendrez à distance des stagiaires. Une relation fraternelle, sans familiarité, mais exigeante, reste de mise.

Cependant, par un effet inverse, par crainte d'être trop impérieux vis-à-vis du groupe, ne vous laissez pas fasciner par certains leaders, stagiaires brillants et charismatiques, comme vous en rencontrerez certainement dans votre carrière de formateur. Vous êtes le « patron », principal responsable du succès de la formation : n'abdiquez pas votre pouvoir au profit de ces leaders.

Comment un groupe se constitue-t-il ?

Un ensemble de personnes réunies à l'occasion d'une formation, pour parvenir à l'état de groupe, va passer par un certain nombre de phases.

Dans un premier temps, les individus sont principalement préoccupés par la réponse aux questions qu'ils se posent, tous ensemble, mais sans le savoir : « *Que va-t-on va faire ? Comment cela va-t-il se passer ? Est-ce que ce sera utile ? Intéressant ? Fatigant ? Difficile ? Qui est le formateur ? Quelle est sa compétence ? Qui sont les autres participants ? Sont-ils de mon niveau ? Ont-ils à résoudre les mêmes problèmes que moi ?* », etc.

Puis, à l'occasion du tour de table de présentation, chacun va se situer par rapport aux autres, apprécier certaines déclarations, trouver des points communs avec certaines des personnes présentes, constater une quasi-unanimité de difficultés comparables. Cela ne crée pas encore des liens, mais des débuts de passerelles commencent à se construire.

Un exercice, demandé individuellement et auquel chacun devra se soumettre, ou conduit en sous-groupe, nivellera peut-être les différences, dans la mesure où ceux qui semblaient plus doués en principe se montreront moins performants que les autres, et créera une sorte de « fraternité des épreuves ».

Interviennent alors les pauses et le premier repas pris en commun, grâce auxquels les stagiaires pourront aller de l'un à l'autre, parler, échanger. Et c'est ainsi, à l'occasion de ces différents échanges, que se créera ce rapprochement des individus, cette intercompréhension qui deviendra plus ou moins vite un groupe.

Savez-vous aussi que la présence d'une ou de deux femmes au sein d'une assistance majoritairement masculine représente un grand facteur de cohésion du groupe ? Nous expliquons cela par la tendance inconsciente des hommes à se montrer sous leur meilleur jour pour séduire la femme. Bien entendu, une femme peut être un leader, non pas en raison de sa féminité, mais parce qu'elle possède une ou plusieurs des caractéristiques énoncées ci-dessus.

Contribution du formateur à la constitution du groupe

Si nous revenons à l'examen du rôle du leader dans la constitution du groupe et notamment du rôle propre du formateur, vous avez compris que tout ce que vous entreprenez pour apaiser les craintes, pour informer sur le déroulement et l'esprit du séminaire (l'une des raisons d'être du « contrat » abordé au chapitre 8), pour répondre à leurs questions, tout ce que vous ferez pour que les stagiaires se connaissent, s'apprécient mutuellement, échangent, participent aux mêmes épreuves (ne laissez personne se dérober à celles-ci) constituent des éléments puissants pour constituer un groupe.

Tout ce que vous entreprendrez pour faire découvrir aux participants leurs intérêts communs, leurs valeurs partagées, leurs attentes, la valeur ajoutée dont chacun bénéficiera à l'issue du séminaire, tout ce qui favorisera leur implication, va dans le même sens.

Les pauses, les déjeuners, éventuellement les dîners, et, quand le séminaire est résidentiel et se déroule pendant deux à trois jours, les temps d'après dîner, sont des espaces d'échanges d'un autre type que ceux liés à la formation. En encourageant les récits sur les activités extraprofessionnelles, vous considérez que toute personne est un tout et que sa vie a d'autres buts que ceux strictement professionnels, qu'elle a une sensibilité, des émotions, des passions. À cet égard, ne vous croyez pas obligé de vous mêler de toutes les conversations entre stagiaires : certains apprécieront que vous vous teniez à l'écart.

Quand le groupe ne se constitue pas

Cela peut arriver en présence de factions antagonistes à l'intérieur de l'assistance ou parce que des tensions, existent dans l'entreprise et s'invitent – malgré vous – dans l'espace du séminaire. De plus, certains individus se tiennent parfois volontairement à l'écart et tiennent des propos que ne supportent pas leurs camarades de stage, pour d'autres raisons encore. Cette absence de groupe n'est pas une catastrophe pour autant. Simplement, l'effet accélérateur et amplificateur du groupe vous fera défaut.

Organiser la salle

Le fond de la salle de formation doit être réservé, si on les a repérés, aux participants les plus constructifs et dynamiques. Par leur position, ils constituent un pôle d'attraction en face de l'autre pôle constitué par le formateur. Le courant d'échange entre ces deux pôles vise à entraîner les stagiaires placés à droite et à gauche de la disposition des tables en U[a].

---

a. *Mener une réunion efficace : le dessous des cartes d'une réunion réussie*, Éditions d'Organisation, 2006.

17

Les incidents de la formation et leur traitement

Les cas de figures répertoriés dans ce chapitre n'épuisent pas le sujet. Nous n'avons retenu que les incidents les plus courants pour vous proposer notre mode habituel de traitement.

Retard

Si certains stagiaires sont en retard, il n'y a aucune raison de ne pas respecter ceux qui ont fait l'effort d'être présents à l'heure. Donc, commencez le séminaire à l'heure indiquée sur les invitations. De plus, comme vous avez prévu boissons et viennoiseries pour la demi-heure d'accueil, le retard des stagiaires n'est pas anodin. En revanche, si l'un de ces retardataires vous a préalablement expliqué les raisons légitimes de son retard, mettez-le au courant dès son arrivée de ce qui a été fait depuis le début de la journée. Vous n'aurez bien entendu pas les mêmes égards pour les autres retardataires.

N'oubliez pas de diffuser par tous les moyens possibles l'information annonçant que tous vos séminaires commencent et se terminent à l'heure.

Départ prématuré

Si quelques stagiaires « doivent » partir avant la fin du séminaire « *en raison de l'heure de départ de l'avion ou du train* », demandez-vous s'il existe un motif légitime à ce départ prématuré. S'il n'y en a pas, comme l'heure de la fin du séminaire a été annoncée sur l'invitation, demandez au stagiaire de prendre les dispositions nécessaires pour monter dans le train ou l'avion suivant.

Brouhaha

C'est en général un signe de fatigue des participants. Donnez-leur quelques instants de pause. Peu importe si celle-ci est la seconde de cette demi-journée alors qu'une seule était prévue. L'essentiel est que vous retrouviez les conditions d'une participation active.

Par ailleurs, si lors des échanges, plusieurs stagiaires parlent en même temps, intervenez pour demander que chacun s'exprime à son tour, en vous fondant sur l'intérêt des propos tenus et sur l'attention qu'ils méritent de la part de tous.

Opposition

Nous traiterons ici de quatre cas de figure.

Si l'un des participants s'oppose à certains de vos propos, voire vous prend à partie, rassurez-vous : vous n'êtes probablement pas personnellement visé. Celui auquel votre interlocuteur s'adresse en vous interpellant, même parfois rudement, n'est autre que l'autorité supérieure que vous représentez ou que l'on vous charge de représenter. Bien que vous ne soyez que le porte-parole indirect d'un certain message qui prévaut dans l'organisation qui vous a confié des stagiaires, on vous traite comme si vous étiez l'auteur ou l'inspirateur de ce message. Vous constatez, par l'expression de cette opposition, que ce message est récusé par quelques-uns, voire par la totalité de l'assistance.

Quand un tel incident se produit, n'hésitez pas à ouvrir une parenthèse dans la progression de la formation. Consacrez un peu de temps à discuter avec les opposants et, sans prendre parti, aidez-les à analyser objectivement les fondements de leur insatisfaction. En quelque sorte, purgez l'abcès pour le circonscrire, annoncez que vous signalerez – sans citer de noms – la difficulté rencontrée et tentez de reprendre le cours de la formation. Mieux vaut un séminaire partiellement accompli qu'un blocage, parce que vous seriez resté sourd au malaise ressenti par un ou plusieurs participants.

Il appartient au formateur de réagir et de traiter les incidents dès qu'ils se produisent.

Il peut également arriver que l'un des stagiaires, estimant être plus informé ou plus compétent que vous, se lève, se place au niveau du tableau de conférence et prenne la parole. Demandez-lui gentiment pourquoi il a besoin du tableau pour expliquer son propos et combien de temps nécessite sa prise de parole. Si le temps requis est excessif, limitez-le d'autorité. N'oubliez pas que vous avez la responsabilité de la conduite de ce séminaire à bonne fin. De plus, votre intervention rappelle à chacun que vous êtes le « patron » de ce stage.

Par ailleurs, quand l'un des participants reste ostensiblement muet, interprétez ce comportement comme un appel à votre attention. Après quelque temps de ce jeu du stagiaire, profitez d'une question générale pour l'interpeller : « Et vous, Monsieur Dupuis, quel est votre avis sur le sujet ? » Il est fort probable que, mis ainsi en évidence, l'intéressé se rallie au mouvement général des autres participants.

Enfin, si lors des pauses, certains participants traitent leurs affaires courantes et reviennent en retard, rappelez-leur aimablement, mais fermement, que dans le « contrat » qui régit le fonctionnement du séminaire, vous avez clairement dit que l'attitude d'immersion dans le thème de la formation ne souffrait pas de demi-mesure.

Bavardages et assoupissement

En cas de bavardage, ces apartés sont-ils liés au thème du séminaire ? Si tel est le cas, il est intéressant pour l'assistance d'en prendre connaissance. Vous inviterez donc ces bavards à faire publiquement état de leurs propos. Si ce n'est pas le cas, référez-vous au « contrat » passé avec les stagiaires au début du séminaire pour recommander que les échanges « hors sujet » soient réservés aux moments de détente.

Par ailleurs, si l'un des stagiaires s'endort après le déjeuner, demandez-vous si le repas n'était pas trop lourd et copieux… Il faudra penser à régler cette question lors des épisodes suivants de la formation. Mais d'autres causes peuvent expliquer cet assoupissement : exposé trop long de votre part, ton monotone, sujet sans grand intérêt, projection d'un sujet audiovisuel en début d'après-midi…

Voici un bon conseil pour éviter l'« hyperglycémie postprandiale » (somnolence consécutive à l'absorption de sucres alimentaires par le sang) : activez les stagiaires en leur proposant un peu d'exercice physique entre la fin du repas et le début de la séance de l'après-midi ou en les regroupant en commissions pour discuter, synthétiser et rapporter leurs réflexions sur le sujet que vous leur aurez soumis.

Arrivée d'un hiérarchique

En général, l'arrivée inopinée du patron de l'entreprise ou du directeur de la division dont vous formez les collaborateurs « casse » les échanges et la participation active des stagiaires, surtout si le hiérarchique se place « *discrètement au fond de la salle pour ne pas déranger* », car malgré lui, il donne l'image d'un inspecteur.

Pour éviter ce phénomène, accueillez ce visiteur de marque en le « *remerciant de l'intérêt qu'il porte à cette formation* », en lui demandant s'il compte intervenir activement, soit par un exposé (et n'oubliez pas de lui en faire préciser la durée prévue), soit en s'investissant dans le travail collectif, qu'il s'agisse des échanges pléniers, des travaux en sous-groupes ou même des exercices de simu-lation. En l'enfermant dans ces alternatives, vous tentez de transformer ce hiérarchique en participant ordinaire à l'instar de chacun.

Face à tous les incidents décrits ci-dessus, votre statut de responsable du bon déroulement du séminaire vous oblige à réagir et non pas à feindre, c'est-à-dire à faire semblant de ne pas voir ou de ne pas comprendre. Si d'ailleurs vous restiez passif en présence d'un incident, certains stagiaires sauraient vous en faire le reproche.

© Groupe Eyrolles

18

L'évaluation de la formation

Le principe de l'évaluation est certainement l'un des éléments les plus intéressants de la formation professionnelle. En effet, il s'agit d'une alerte à la vigilance et d'un facteur de progrès pour le formateur, qui, s'il est attentif aux remarques qui lui sont faites, en tirera les conséquences et modifiera sa pratique. Il serait indécent pour un formateur qui appelle les stagiaires à se remettre en cause de ne pas se soumettre lui-même à cette remise en question régulière de sa façon de faire. De plus, un formateur qui se fige dans un processus qui le satisfait risque à terme de se scléroser et de ne plus pouvoir progresser.

On regrettera, en passant, que le principe de l'évaluation, éminemment démocratique parce que donnant aux stagiaires une sorte de contre-pouvoir face au formateur, ne soit pas plus répandu dans notre société, tant sur le plan des politiques publiques que de l'enseignement.

L'évaluation de la formation revêt un double aspect. D'une part, les stagiaires vont restituer par écrit (mais ils peuvent aussi le faire verbalement) ce qu'ils pensent de votre travail. D'autre part, vous pouvez aussi mettre noir sur blanc vos impressions au sujet de votre démarche et au sujet des comportements des stagiaires. Dans les deux cas, vous disposez d'un matériau intéressant pour vous améliorer.

L'évaluation de la formation par les stagiaires

Sur quels aspects portera l'évaluation ? Vous avez tout intérêt à détailler les points mis sous observation. En voici un inventaire suffisant, mais qui peut être enrichi par l'adjonction d'autres aspects à prendre en considération. Nous les avons libellés sous la forme habituelle des questionnaires d'évaluation.

Exemple de questionnaire d'évaluation

• Utilité de la formation pour votre métier ? (Mes aptitudes à résoudre mes problèmes professionnels se sont-elles développées ?)

• Atteinte des objectifs du séminaire ? (Il sera bon de rappeler l'objectif de la formation au début de la feuille d'évaluation)

• Satisfaction de mes attentes ?

• Intérêt des thèmes abordés ? (fournir la liste de ces thèmes tels qu'ils figurent dans le programme détaillé)

• Gestion du temps du séminaire :

    – temps global du séminaire (trop court/bon/trop long)

    – temps suffisant consacré à.............

    – temps excessif consacré à..............

    – temps insuffisant consacré à ....

• Valeur pratique des travaux du séminaire ?

• Quels thèmes supplémentaires auriez-vous souhaité ?

• Qualité des supports pédagogiques (vidéo, rétroprojection, textes des cas, tests, etc.) ?

• Qualité des aide-mémoire ? (Permettent-ils de prolonger le travail effectué pendant le séminaire ?)

• Progression pédagogique ?

• Méthodes d'animation ?

• Rythme du séminaire ?

• Climat relationnel ?

    – atmosphère du groupe ?

    – qualité des échanges entre les participants ?

• Votre participation ?

• Qualités du formateur ?

    – clarté des exposés ?

    – qualité des apports ?

    – écoute des stagiaires ?

    – adaptation aux réactions des stagiaires ?

• Confort matériel ?

    – organisation ?

    – accueil ?

    – salle ?

    – qualité du repas ?

> – services annexes (réception et envoi d'e-mails, de télé-
> copies, téléphone, etc.) ?
> – loisirs et détente ?

Réponses anonymes ou nominatives ?

Sur le plan de l'anonymat des réponses, les uns en sont
partisans au motif que les réponses seront plus sincères ;
dans ce cas, les mécontents sont aussi plus excessifs. Pour
notre part, nous préférons laisser chacun libre de faire
figurer ou pas son nom. Cependant, quand tous les stagiaires se désignent sur la feuille d'évaluation, à l'exception
d'un ou de deux, il est facile d'identifier les anonymes.

**L'évaluation est le tremplin
du perfectionnement du formateur.**

L'échelle d'évaluation

Les échelles proposées aux stagiaires présentent plusieurs
variantes. Certaines proposent une cotation allant de
0 à 10 ou de 1 (note la plus faible) à 10 ou à 5. D'autres
préfèrent les qualificatifs : médiocre / passable / correct /
bon / excellent. Enfin, pour que le stagiaire ne se réfugie
pas dans un prudent milieu, certains préconisent une
échelle courte avec deux degrés favorables et deux degrés
défavorables : tout à fait d'accord / d'accord / pas
d'accord / pas du tout d'accord[1].

---

1.   *L'évaluation du personnel*, Chiron éditeur, 2002.

Comme les notes ou les qualificatifs ne sont pas explicites, prévoyez de la place pour les commentaires. On peut compléter cet espace réservé aux explications par des cases qui permettront de recueillir d'autres informations utiles. Par exemple :

❖ qu'avez-vous l'intention d'appliquer et quand comptez-vous le faire ?

❖ quelles remarques faites-vous pour améliorer le contenu de cette formation ?

❖ quels genres de formation ou d'entraînement vous permettraient d'améliorer votre compétence ?

Précautions

Nous vous recommandons de faire figurer au début de la feuille d'évaluation les avis suivants :

❖ soyez sincère ; ne cherchez pas à «faire plaisir » au formateur, ni à dénigrer sans motif le travail accompli ; indiquez seulement votre opinion, si possible fondée sur des faits ;

❖ votre réponse est porteuse d'amélioration pour les séminaires suivants, même si les thèmes en sont différents ; peut-être en bénéficierez-vous.

L'évaluation du groupe par le formateur

Il arrivera à maintes reprises que les stagiaires vous demandent votre opinion sur eux, sur le déroulement du séminaire, etc. Au-delà de ces questions un peu narcissiques, auxquelles vous pouvez répondre sincèrement sans flatterie ni démagogie, il est, selon nous, utile pour le formateur d'évaluer l'événement qu'est tout séminaire et d'en tirer quelques enseignements pour enrichir son expérience. Voici quelques pistes pour mener votre réflexion :

❖ comportement général de l'assistance (participatif ? passif ?) ;

❖ comportements en travaux de commission ;

❖ participation aux exercices ou aux simulations ;

❖ niveau général du groupe ;

❖ stagiaires qui se sont faits remarquer :
  – par leur participation ;

  – par leur passivité.

❖ séances jugées les plus / les moins vivantes du point de vue de l'animateur ;

❖ incidents et origines possibles ;

❖ solutions adoptées pour les régler ;

❖ impression globale sur les effets du séminaire :
  – assimilation des méthodes et des concepts ;

  – mise en application.

Une touche d'humour pour clore ce chapitre : nous avons toujours remarqué que les évaluations des stagiaires étaient meilleures pour le formateur quand la qualité des repas avait été appréciée ! Ceci doit donc nous rendre modestes sur certains effets d'un séminaire de formation...

19

Les conditions du succès d'une formation

Un check-up préventif et curatif

Passons en revue l'ensemble des précautions que vous devez prendre pour vous assurer que vous vous êtes approprié tous les ingrédients de conduite vers le succès, celui-ci étant fondé sur la réponse apportée à la demande de perfectionnement des stagiaires et de l'entreprise qui vous les a confiés[1].

L'inventaire qui suit vous permettra aussi, le jour où ce but n'aura pas été atteint, de mettre le doigt sur le point faible de la chaîne des dispositions à prendre.

Voici les soixante-deux questions du check-up de la formation que vous avez animée :

---

1. Comme vous le constaterez, il y a dans l'esprit de ce check-up une recherche de la **qualité** moins procédurale que celle qu'envisagent les différents organismes de certification des formateurs et des démarches de formation, peut-être plus exigeante et probablement plus réaliste, parce que fondée sur notre longue expérience pratique de la formation.

❖ qui est le commanditaire de la formation ? Quel est son statut ?

❖ qui finance ?

❖ dans quel contexte la formation a-t-elle été ressentie comme nécessaire ?

❖ qui réclame le séminaire ? Pour quelle mission ?

❖ quel est le contenu du cahier des charges du donneur d'ordre ?

❖ quel(s) objectif(s) est(sont) donné(s) à cette formation ?

❖ avez-vous participé à la réflexion sur le contenu du cahier des charges ?

❖ que pensez-vous du contenu ?

❖ avez-vous corroboré l'analyse des besoins du donneur d'ordre et les attentes des bénéficiaires de la formation ?

❖ avez-vous eu des entretiens ou accompagné des personnes en situation de travail avec un échantillon représentatif des personnes à former ?

❖ quels sont les écarts de niveau des stagiaires ?

❖ que pensez-vous du ou des objectifs qui vous est/sont assigné(s) ?

❖ quelles sont les contraintes ?

❖ votre proposition reflète-t-elle l'analyse du donneur d'ordre et vos commentaires sur cette analyse ?

❖ votre programme décrit-il complètement ce que vous allez faire pendant le séminaire (et éventuellement au-delà) ?

❖ avez-vous clairement décrit votre démarche pédagogique et les raisons qui militent en sa faveur ?

❖ quel regard portez-vous sur votre guide du formateur ? Avez-vous pris le temps de le composer ? Est-il d'un emploi commode ? Quelles modifications envisagez-vous en fonction de votre expérience ?

❖ les questions que vous avez préparées pour lancer les débats avec les stagiaires ont-elles bien fonctionné ?

❖ comment s'est passée votre prise de contact avec les stagiaires ?

❖ avez-vous l'impression d'avoir écouté les stagiaires ?

❖ avez-vous tenu compte de leurs messages ? comment ?

❖ lors du tour de table initial, avez-vous perçu des attentes nouvelles ?

❖ si oui, avez-vous modifié ce que vous aviez prévu de faire ? en quoi ?

❖ quelle a été globalement l'ambiance du séminaire ?

❖ y a-t-il eu des modifications de cette ambiance au cours du déroulement du séminaire ?

❖ comment expliquez-vous le ou les changement(s) éventuel(s) d'ambiance ?

❖ les participants ont-ils été très actifs ? plutôt actifs ? plutôt passifs ? très passifs ? dans quelle proportion ? pour quelles raisons selon vous ?

❖ la formation a-t-elle suivi intégralement le programme prévu ?

❖ s'il y a eu des différences (en plus ou en moins), à quoi sont-elles dues ?

❖ ces différences ont-elles affecté l'objectif défini ? positivement ? négativement ?

❖ y a-t-il eu des incidents ? Si oui, lesquels ? Quelles en sont les origines ?

❖ comment avez-vous résolu ces incidents ?

❖ quels sont les résultats de l'évaluation verbale des stagiaires ?

❖ quels sont les résultats de l'évaluation écrite des stagiaires ?

❖ y a-t-il une différence notable entre les deux évaluations ? Si oui, sur quoi porte-t-elle ?

❖ quels commentaires faites-vous sur ces évaluations ?

❖ quelles séances les stagiaires ont-ils préféré ? Est-ce important en fonction de l'objectif ?

❖ quelles séances ont été peu ou pas appréciées ? Est-ce important en fonction de l'objectif ?

❖ avez-vous l'impression que le message de formation est mémorisé[1] ? dans quelle proportion ?

❖ avez-vous l'impression que le message de formation sera appliqué ? par qui ? dans quelle proportion ?

Prenez l'habitude de passer en revue de détail tous les aspects des formations que vous animez.

---

1. À titre anecdotique, voici un signe parmi d'autres de l'imprégnation des esprits lors d'une formation : quand un ou plusieurs stagiaires, à table ou lors des moments de détente, reprennent à la cantonade en plaisantant un de vos propos ou préceptes et le glissent dans la conversation ou dans une réplique, pour s'en moquer ou pour faire rire leur entourage. Cette utilisation humoristique a d'abord un effet de répétition d'un fragment du message et indique aussi que cet élément-là et probablement d'autres ont déjà été mémorisés et intégrés.

20

Le mot de la fin

Je reviens vers vous, cher nouveau formateur. En vous inspirant des conseils contenus dans ce livre, vous venez d'animer votre premier séminaire de formation. Je n'ai pas la moindre idée de la façon dont s'est déroulée cette première expérience, peut-être déjà suivie de quelques autres.

Êtes-vous satisfait de ce qui s'est passé ? J'en suis heureux pour vous.

Êtes-vous déçu par quelques aspects de votre premier séminaire ? Rappelez-vous qu'on apprend plus de ses échecs que de ses succès.

Apprenez à vous connaître, à repérer vos points forts et vos points à améliorer. Travaillez vos lacunes pour remédier à vos insuffisances. Persévérez en cherchant, avec l'appui de ce petit livre, à vous perfectionner. On n'a jamais fini d'apprendre.

Former s'apprend en formant.

De même qu'« écrire s'apprend en écrivant » (Simone de Beauvoir), former s'apprend en formant.

Au navigateur qui lance son voilier vers la haute mer, on souhaite d'ordinaire « Bon vent ». À vous, je souhaite beaucoup de succès dans l'exercice du beau métier de formateur.

Si vous désirez me poser des questions pour vous aider à résoudre quelques difficultés rencontrées en situation de formation et qui n'ont pas été traitées dans le cadre de cet ouvrage, n'hésitez pas à me consulter : *rene.moulinier@wanadoo.fr* . Je vous répondrai.

Annexe 1

La proposition de formation : votre vendeur silencieux

Que vous soyez formateur interne, consultant indépendant ou collaborateur d'une société de formation, vous avez rencontré votre « client », le manager de l'entreprise ou du service dont les collaborateurs bénéficieront de la formation choisie. Vous allez à présent confirmer par écrit les termes de l'accord.

Cependant, même si on ne vous l'a pas précisé, il est probable que votre offre de formation sera comparée et mise en concurrence avec d'autres offres, sollicitées auprès de plusieurs confrères. Vous pensez avoir fait une bonne impression à la personne que vous avez rencontrée, mais vous n'êtes pas certain qu'il sera l'unique décideur, et en cas de décision collégiale, vous ne savez pas si son avis est prépondérant. Il est possible qu'un autre décideur, que vous n'aurez pas rencontré, ait un poids décisif pour le choix du formateur et de son projet de formation (1).

Votre seul défense dans la compétition des projets de formation qui va s'ouvrir sera votre proposition écrite. À plusieurs reprises, il nous a été dit que notre principal concurrent étant à égalité avec nous, c'était le texte de notre proposition qui avait fait pencher la balance en notre faveur. Accordez donc à votre tour une attention maximale à la conception et à la rédaction du texte de votre proposition.

Pourquoi une proposition permet-elle de « coiffer » un concurrent sur le poteau, spécialement quand les coûts sont identiques et les programmes comparables ? La réponse qui nous a toujours été donnée est invariablement la suivante : « *Vous avez mieux compris que vos confrères notre situation et nos attentes.* »

Nous ajouterons encore que, face à des organismes de formation certifiés ou déclarés qualifiés, que vous-même le soyez ou non, votre professionnalisme doit clairement apparaître à travers votre texte.

Fidèle reflet de l'entreprise et du contexte de la formation

Il va vous falloir accorder une grande place au contexte propre à l'entreprise ou à l'organisation avec laquelle vous allez coopérer en tant que formateur, et plus spécialement au service ou à l'unité et aux hommes et aux femmes qui y travaillent. Le manager qui vous a reçu pour vous permettre de composer votre programme vous a exposé l'état des lieux, les ambitions, les difficultés rencontrées, les handicaps des uns et des autres. S'il n'a pas été suffisamment explicite, et même s'il vous a remis un cahier des charges, vous avez poursuivi votre investigation auprès de lui et parfois auprès d'autres personnes de cette entreprise. Il vous arrivera parfois, lors de cette phase de recherche d'informations, que votre interlocuteur fasse un exposé désordonné avec des digressions et des retours en arrière, mais peu importe, vous mettrez de l'ordre dans ce chaos. Au cours de votre conversation pour définir l'objectif, les résultats attendus et les moyens de l'action de formation, vous aurez pris soin d'exposer votre organisation, votre pédagogie et votre déontologie (par exemple, ne pas utiliser le temps de formation pour évaluer les capacités et les aptitudes des stagiaires et les sélectionner à l'issue du séminaire).

En tout état de cause, toute l'information pertinente sera reprise, ordonnée dans votre texte, et éclairera et justifiera la démarche de formation que vous présenterez. Dans cette compétition de projets, comme nous en avons fait état ci-dessus, la description du contexte de la formation est décisive.

Alors, comme dans l'exemple qui suit, votre proposition comportera plusieurs parties :

 1. l'entreprise, le service concerné ;

 2. le personnel et la problématique de la formation ;

 3. le programme proposé (que l'on peut aussi rejeter vers une annexe) ;

 4. les modalités pratiques de réalisation de la formation (lieu, dates, équipements nécessaires, etc.) ;

 5. le budget à prévoir et l'offre de convention de formation.[1]

---

1.   *Vendre aux Grands Comptes*, Éditions d'Organisation, 2001.

Pour guider votre client à formuler
ce qu'il attend du formateur

Toute formation doit tenir compte du contexte propre à l'entreprise ou au service dont sont issues les personnes que vous devez former. Cependant, souvent par manque de méthode, votre interlocuteur chargé de définir le cadre de la formation omet de vous apporter des précisions sur des aspects que vous devez connaître. Voici à cet effet un plan aide-mémoire destiné à l'aider à faire un tour d'horizon complet :

• présentation de l'entreprise ou du service (activité, taille, structures, organisation, chiffres, etc.) ;

• explication détaillée du contexte du problème posé ;

• problème et objectif assigné au formateur ;

• caractéristiques de la population visée (services, métiers, fonctions, âges, ancienneté) ;

• formations précédentes reçues, résultats de ces formations ;

• modalités de recrutement de cette population (volontariat ou obligation ?) ;

• attentes de l'entreprise (compétences et savoir-faire, niveau de départ, niveau à atteindre) ;

• attentes des stagiaires (quelle possibilités sont offertes au formateur pour évaluer lui-même ces besoins et ces attentes ?) ;

• système d'évaluation souhaité ;

• résultats attendus.

© Groupe Eyrolles

Un exemple de proposition de formation

M.M. Moulinier et Associés

Conseil en management et direction commerciale

Provence Industries

Proposition de Formation commerciale 2008

Provence Industries

En 2008, Provence Industries fête ses dix ans d'existence. Filiale du Groupe Midi Technologies, cette société s'est spécialisée dans la conception de systèmes électroniques embarqués, principalement pour l'industrie automobile. Cette activité s'est enrichie de la conception et du design de pièces plastiques, ici encore pour l'automobile, à la suite de rachat d'un bureau d'études toulousain fin 2006.

Aujourd'hui, 30 % du chiffre d'affaires sont réalisés par l'**Ingénierie** (dont le bureau d'études, à Toulouse, emploie 18 ingénieurs électroniciens et 8 mécatroniciens), qui conçoit des systèmes complets vendus en forfaits de temps et de budget.

70 % du chiffre d'affaires proviennent de l'**Assistance technique**, par la délégation d'ingénieurs intégrés, en missions de longue durée, aux équipes techniques des clients.

Au total, Provence Industries aligne un effectif de 150 personnes.

Pour mémoire, Human Resarch Média, autre filiale du Groupe Midi Technologies, fondée en 2002, se consacre au recrutement d'ingénieurs pour les métiers de l'ingénierie, de R & D, de la qualité, des méthodes et des achats, destinés à des fonctions d'encadrement moyen et supérieur dans l'industrie.

e-mail : rene.moulinier@wanadoo.fr

16, place Henri-Bergson 75008 PARIS tel + fax 00 33 (0)1 45 22 67 76

sarl au capital de 10 000 € siège social 17770 sainte-même
rcs saintes b 324 029 156 00019 ape 804 C

Les Forces de Vente

Constatant le sous-dimensionnement commercial, afin de réussir son programme de développement, l'équipe de direction (et principalement MM. Étienne Martineau et Christian Filippi) a procédé à la structuration, à l'organisation, à la spécialisation et au recrutement de deux forces de vente, placées sous la Direction commerciale d'Étienne Martineau.

• Force de Vente du Département Assistance Technique, dont le manager est Sébastien Heyraud, avec deux Ingénieurs d'Affaires (IA), qui seront recrutés en avril 2008 ;

• Force de Vente du Département Ingénierie (Bureau d'Études), dont le manager est Stanislas Rodriguez, avec six Ingénieurs Commerciaux (IC), le dernier venant d'entrer en mars.

Les profils et les activités de ces commerciaux sont différents : les Ingénieurs d'Affaires vendent les activités du Bureau d'Études et sont impliqués dans le suivi technique des **projets** qu'ils auront vendus ; les Ingénieurs Commerciaux vendent de l'assistance technique, c'est-à-dire les compétences des **consultants** délégués chez les clients ; ils assurent le suivi des consultants sur le terrain.

Les besoins en formation des IA et des IC

Afin de développer la clientèle, de pérenniser l'activité, de fidéliser la clientèle, d'être présent chez les clients, notamment quand il y a objection ou réclamation, et de pratiquer une vente responsable, les IA et les IC, la plupart étant ingénieurs de formation, doivent posséder une solide pratique d'un métier complexe : bonnes relations avec les Ingénieurs d'intervention et avec les différents interlocuteurs chez les clients, pratique de la prospection, pratique des présentations de Provence Industries, détection des besoins que Provence Industries a la capacité de résoudre, techniques de négociation dans un contexte de vive concurrence et de pression sur les prix, défense des offres, etc.

De plus, certaines entreprises ne prennent leurs décisions de référencement de leurs fournisseurs qu'en fin d'année, ce qui implique que les étapes de l'approche aient été effectuées préalablement.

Face à la professionnalisation de l'achat de « matière grise », spécialement dans les grandes entreprises, soumis à la comparaison avec les concurrents, les IA et les IC doivent atteindre et développer un excellent niveau de professionnalisme.

La Formation commerciale et ses objectifs

À ce jour, il n'y a pas encore eu de plan de formation pour les IA et les IC.

Il s'agit pour le formateur :

• de définir et de construire la méthode de prospection et de vente propre à Provence Industries ;

• de former et de faire pratiquer effectivement les démarches classiques de prospection des nouveaux clients et de vente de matière grise et de prestations.

Vous demandez une formation pratique permettant à chaque IA et à chaque IC d'atteindre un solide niveau de professionnalisme en prospection et en vente.

C'est à ces besoins et dans le cadre du contexte qui vous est propre que répond la proposition de formation qui suit, intitulée « Les Ateliers de la Vente », pour en singulariser le contenu résolument pratique.

Le dispositif de Formation : « Les Ateliers de la Vente »

Pour donner un tour dynamique à cette formation, nous vous proposons de l'inscrire dans une démarche de prospection et de vente. La fragmentation par journées séparées permet de programmer les actions de chaque participant et d'examiner les résultats et les difficultés rencontrées au début de la journée de formation suivante.

Nous soulignons en outre que l'on peut prendre connaissance des contenus de nos apports de formation par la lecture des différents ouvrages que nous avons publiés (voir en fin de proposition).

Jour 1

Accueil, présentation des participants et de l'animateur. Objectifs de la formation. Organisation.

Le dispositif de la prospection

A – Le ciblage des prospects

- Les cibles privilégiées
- Où sont les prospects ?
- Qui sont-ils ?

- Établissement de la liste d'entreprises que contacteront IA et IC : travaux pratiques
- Quelle information collecter au préalable ? Les hypothèses de « problème mal résolu ».
- Quelles personnes rencontrer ?

B – Comment préparer l'interlocuteur à accueillir notre appel ?

- Contenu et forme du message

C – L'appel téléphonique

- Que dire ? Qu'éviter de dire ?
- Quelques objections et leur traitement
- Les Préceptes de la prise de rendez-vous
- Quelques exercices avec la vidéo

D – Prévoir du temps pour la prospection

- Durée probable des visites, y compris les temps de déplacement
- Inscription de l'action de prospection au sein des activités normales de vente

E – Planification des applications

- Objectifs individuels
- Programmes d'activités

Jour 2

F – Compte-rendu des expériences : aspects positifs, difficultés rencontrées et proposition de solutions.

G – La première visite

- Un objectif : être envisagé et accepté comme un partenaire possible par le prospect
- Votre interlocuteur vous observe : quelles seront ses premières impressions ?
- L'entrée en matière : mise au point du « numéro de présentation »
- Quelques exercices avec la vidéo
- Le plan de découverte : travaux pratiques
- Comment obtenir les informations souhaitées (techniques d'interview, visite d'usine, observation) ?
- L'écoute, votre meilleure tactique de vente
- La première formulation de la problématique du client / prospect

H – La démarche persuasive
- Convaincre ou persuader ?
- Justification de la découverte

I – La deuxième visite
- Un objectif : obtenir une première consultation
- La synthèse de la découverte
- Exercice avec la vidéo
- La proposition
- La défense de la proposition
- L'argumentation personnalisée
- Le traitement des objections : travaux pratiques
- La prise d'accord

Jour 3

J - Compte-rendu des expériences et ajustements

K - L'art de la négociation
- Un objectif : maintien de la marge dans un contexte de baisse des prix et de hausse des charges
- Les différents interlocuteurs et leur raisonnement par rapport au prix
- Les contreparties objectives et psychologiques du prix, du point de vue du client
- Les scénarios de la défense du prix
- Comment annoncer le prix ?

L - La gestion du temps de l'IA et de l'IC
- Qu'est-ce qui est important ?
- Comment combiner les activités en cours et la préparation des échéances ?
- Compte à rebours, mesure du temps et construction d'un emploi du temps
- Repenser les urgences

Jour 4

M - Compte-rendu des expériences et ajustements

N - L'IA et l'IC chez les clients actuels
- Un objectif : déterminer le « potentiel accessible » à deux ans (anticiper les commandes)
- Les éléments de la prédiction (que savoir ?)
- Comment s'informer ? Où s'informer ?

- Le ton de la recherche d'information
- Méthode d'analyse des informations collectées
- Faire appel à un « conseiller » ?

O - Le cas particulier de la vente à deux (visite avec un support technique)

- Les pièges des ventes à deux
- Un « numéro de complices » ?
- La préparation et la répartition des rôles
- Le passage des relais

P - La démarche de référencement

- Qui sont les prescripteurs ?
- La présentation de Provence Industries
- Des « success stories » vendeuses
- Comportement de l'IA ou de l'IC
- Cas particulier de l'extension d'une collaboration déjà engagée sur un site

Pédagogie

Au cours des séances de formation alterneront :

- exposés méthodiques du formateur, rythmés par la projection des « Préceptes de la Vente » (pour favoriser la mémorisation des principes) en séances plénières ;
- travaux en sous-groupes et synthèses en groupe plénier pour la construction d'instruments ;
- simulation avec la vidéo et commentaires personnalisés.

Un espace de temps de deux à trois semaines est prévu entre les séances. La formation sera ainsi étalée sur trois mois.

Nous sommes en mesure de commencer fin avril 2008.

Pour être aussi proche que possible de la réalité du métier des IA et des IC, nous vous proposons :

• d'accompagner un IA et un IC, chacun pendant une demi-journée, afin de collecter des éléments de situation que nous pourrons exploiter ensuite pendant les séances de formation ;

• de travailler sur les situations effectivement rencontrées par les participants.

Le programme de formation ci-dessus sera éventuellement ajusté en fonction des observations faites lors des accompagnements d'IA et d'IC et des remarques que pourrait formuler M. Étienne Martineau.

Matériel nécessaire
Dans la salle, comportant des tables disposées en U :
- deux paper boards ;
- un téléviseur avec prise Péritel (nous fournissons le caméscope et ses accessoires) ;
- un rétroprojecteur et un grand écran.

Références du formateur
René Moulinier a conçu et animé ce type de programme destiné à des ingénieurs commerciaux chez Alfa-Laval (groupe Tetrapack), CIT Alcatel, Dassault Aviation, Lagardère, L'Air liquide (Cie Fr^{se} des Gaz), etc.

Budget
Nous prévoyons un forfait d'une demi-journée pour les deux accompagnements d'IA et d'IC et un autre forfait d'une demi-journée pour la concertation avec le directeur commercial et les deux managers (sauf si ceux-ci participent aux journées de formation), soit un jour au total.
Les séances de formation en salle sont au nombre de quatre.
Nos honoraires étant de 2 200 euros HT par jour, le budget à prévoir pour cinq jours est de *11 000 euros HT.*
Les temps de préparation des séances ne vous sont pas facturés.
Nous vous proposons optionnellement la fourniture d'ouvrages à choisir parmi les titres suivants (publiés par les Éditions d'Organisation et Chiron éditeur) :
• *La prospection commerciale, stratégie et tactiques* (É. d'O.)
• *Vendre aux grands comptes* (É. d'O.)
• *Les techniques de la vente* (É. d'O.)
• *Les entretiens de vente* (É. d'O.)
• *Gestion du temps : manager son travail, manager sa vie* (Chiron)
au prix unitaire HT de 23 euros l'exemplaire.
Les frais de déplacement et de séjour hors Paris sont exposés en plus selon justificatifs.
Convention de Formation
Une Convention de Formation conforme à la loi du 16 juillet 1971 sera établie sur demande de votre part, à moins que vous ne préfériez la formule allégée de la « Convention – Note d'Honoraires » après accord écrit sur la présente proposition.
Paris, le 14 mars 2008   René Moulinier

Les critères d'évaluation de votre proposition

Les critères d'évaluation d'une proposition de formation varient d'une entreprise à l'autre ; mais peu ou prou, on trouvera quelques points de passage obligés :

• compréhension et reformulation du problème posé ;

• reformulation des objectifs de l'action ;

• démarche pédagogique proposée (quels types de séances ? Synoptiques pour chaque journée de formation ?) ;

• qualité du scénario pédagogique proposé (cohérence entre l'analyse du problème et les solutions pédagogiques proposées, créativité des solutions pédagogiques, niveau de détail exposé, qualité de l'argumentation avancée pour soutenir ce scénario) ;

• logistique et moyens engagés ;

• documentation pédagogique (est-elle conçue pour poursuivre la formation après le séminaire ?) ;

• adaptation de la formation aux spécificités de l'entreprise ;

• prise en compte et gestion des profils des stagiaires ;

• personnalisation de la réponse ;

• profil du (ou des) formateur(s) ;

• références (vérifiables) du (ou des) formateur(s), expertise technique ;

• processus d'évaluation (à chaud, à froid) ;

• résultats annoncés ;

• respect des limites budgétaires (éventuellement qualité des arguments en faveur d'un dépassement de budget) ;

• structure des coûts ;

• délai de réponse du formateur.

Annexe 2

Rémunération du formateur et note d'honoraires

Nous supposons ici que vous avez choisi un statut de travailleur indépendant, exerçant son métier de formateur en profession libérale, donc percevant des honoraires. Ceci étant, la présentation d'une proposition et sa facturation ne diffèrent guère si vous travaillez en tant que salarié au sein d'un cabinet de formateurs.

Le niveau de vos honoraires, dont vous défendrez le bien-fondé auprès de vos clients, dépend de votre expérience et de votre qualification. Dans les exemples fictifs qui suivent nous indiquons le montant des honoraires journaliers que nous exposons à nos clients.

Soyez très transparent en ce qui concerne les coûts annexes (frais de déplacement et de séjour notamment). Ces frais seront totalement justifiés si vous joignez à votre note d'honoraires les photocopies des billets de chemin de fer ou d'avion, des tickets de péage, des notes

© Groupe Eyrolles

d'hôtel et de restaurant, etc. Ne vous avisez pas de tricher sur les distances kilométriques parcourues : il serait trop bête de perdre un client parce que vous aurez « gratté » quelques kilomètres de plus et que votre petit jeu aura été détecté et dénoncé par le contrôleur comptable de l'entreprise cliente.

Pour vous aider, voici un exemple de note d'honoraires.

MM. Moulinier et Associés

Conseil en management et direction commerciale

Paris, le 30 juin 2008

PROVENCE INDUSTRIES
31, avenue du Parc Chanot
13008 Marseille

À l'attention de M. Étienne Martineau
        Note d'honoraires – Convention simplifiée n° 0807

Formateur : MOULINIER ET ASSOCIES
N° de déclaration d'existence : 54 75 00870 75 (Préfecture de Région Île-de-France)
Siret : 542 256 873/ 00019   Code APE : 804 C
Réf. Notre lettre de proposition du 14 mars 2008
                                    Votre accord du 4 avril 2008

Titre du programme de formation : « Les Ateliers de la Vente »
Programme ci-joint, en annexe.
Effectif concerné : 10 personnes
Durée de la formation en salle (jours et heures) : 4 jours, 32 heures.
Dates : 17 avril (0,5 jour, accompagnements MM. Dornier et Malesan), 18 avril (0,5 jour, concertation avec MM. Martineau, Heyraud et Rodriguez), 28, 29 avril, 19 mai, 16 juin 2008.
Lieu : Marseille

Coût total de la formation :
dont conception, préparation et animation : 11 000 € HT, soit 13 156 € TTC
dont frais de séjour et de déplacement : 727 € (justificatifs ci-joints)
dont documents pédagogiques : 230 € TTC
dont prestations audiovisuelles : fourniture du caméscope avec pied, câbles et cassettes vidéo inclus.

Détail des coûts
5 jours x 2 200 € HT   €
(Feuilles de présence et d'évaluation en votre possession)

Documents pédagogiques :
Cinq exemplaires de *La prospection commerciale, stratégie et tactiques*, cinq exemplaires de *Vendre aux grands comptes*, soit dix exemplaires à 23 € TTC = 230 € TTC

Frais de déplacement :
4 x Aller-retour Paris-Marseille TGV 1e classe
Frais d'hôtel et de restauration pris en charge par vous.
Total HT   €
TVA 19,6%   €
                                                                  _____
Total TTC   €

En votre aimable règlement par chèque

Annexe de la Convention
Note d'Honoraires n°0807 Provence Industries
Programme de la Formation

Jour 1

Accueil, présentation des participants et de l'animateur. Objectifs de la formation. Organisation.

Le dispositif de la prospection
A – Le ciblage des prospects
  • Les cibles privilégiées
  • Où sont les prospects ?
  • Qui sont-ils ?
  • Établissement de la liste d'entreprises que contacteront IA et IC : travaux pratiques
  • Quelle information collecter au préalable ? Les hypothèses de « problème mal résolu ».
  • Quelles personnes rencontrer ?
B – Comment préparer l'interlocuteur à accueillir notre appel ?
  • Contenu et forme du message
C – L'appel téléphonique
  • Que dire ? Qu'éviter de dire ?
  • Quelques objections et leur traitement
  • Les Préceptes de la prise de rendez-vous
  • Quelques exercices avec la vidéo
D – Prévoir du temps pour la prospection
  • Durée probable des visites, y compris les temps de déplacement
  • Inscription de l'action de prospection au sein des activités normales de vente
E – Planification des applications
  • Objectifs individuels
  • Programmes d'activités

Jour 2

F – Compte-rendu des expériences : aspects positifs, difficultés rencontrées et proposition de solutions.
G – La première visite

- Un objectif : être envisagé et accepté comme un partenaire possible par le prospect
- Votre interlocuteur vous observe : quelles seront ses premières impressions ?
- L'entrée en matière : mise au point du « numéro de présentation »
- Quelques exercices avec la vidéo
- Le plan de découverte : travaux pratiques
- Comment obtenir les informations souhaitées (techniques d'interview, visite d'usine, observation) ?
- L'écoute, votre meilleure tactique de vente
- La première formulation de la problématique du client / prospect

H – La démarche persuasive
- Convaincre ou persuader ?
- Justification de la découverte

I – La deuxième visite
- Un objectif : obtenir une première consultation
- La synthèse de la découverte
- Exercice avec la vidéo
- La proposition
- La défense de la proposition
- L'argumentation personnalisée
- Le traitement des objections : travaux pratiques
- La prise d'accord

Jour 3

J - Compte-rendu des expériences et ajustements

K - L'art de la négociation
- Un objectif : maintien de la marge dans un contexte de baisse des prix et de hausse des charges
- Les différents interlocuteurs et leur raisonnement par rapport au prix
- Les contreparties objectives et psychologiques du prix, du point de vue du client
- Les scénarios de la défense du prix
- Comment annoncer le prix ?

L - La gestion du temps de l'IA et de l'IC
- Qu'est-ce qui est important ?

- Comment combiner les activités en cours et la préparation des échéances ?
- Compte à rebours, mesure du temps et construction d'un emploi du temps
- Repenser les urgences

Jour 4

M - Compte-rendu des expériences et ajustements

N - L'IA et l'IC chez les clients actuels

- Un objectif : déterminer le « potentiel accessible » à deux ans (anticiper les commandes)
- Les éléments de la prédiction (que savoir ?)
- Comment s'informer ? Où s'informer ?
- Le ton de la recherche d'information
- Méthode d'analyse des informations collectées
- Faire appel à un « conseiller » ?

O - Le cas particulier de la vente à deux (visite avec un support technique)

- Les pièges des ventes à deux
- Un « numéro de complices » ?
- La préparation et la répartition des rôles
- Le passage des relais

P - La démarche de référencement

- Qui sont les prescripteurs ?
- La présentation de Provence Industries
- Des « success stories » vendeuses
- Comportement de l'IA ou de l'IC
- Cas particulier de l'extension d'une collaboration déjà engagée sur un site

Index

9 7 8 2 2 1 2 5 3 9 5 3 0